Svenja Mencke

Das Schiff als Kreditsicherheit

Folgen der Finanzmarktkrise auf die
Eigenkapitalhinterlegungspflicht
schiffsfinanzierender Banken

Diplomica® Verlag GmbH

Mencke, Svenja: Das Schiff als Kreditsicherheit. Folgen der Finanzmarktkrise auf die Eigenkapitalhinterlegungspflicht schiffsfinanzierender Banken, Hamburg, Diplomica Verlag GmbH 2010

ISBN: 978-3-8366-8926-7
Druck: Diplomica® Verlag GmbH, Hamburg, 2010

Bibliografische Information der Deutschen Nationalbibliothek:
Die Deutsche Nationalbibliothek verzeichnet diese Publikation in der Deutschen Nationalbibliografie; detaillierte bibliografische Daten sind im Internet über http://dnb.d-nb.de abrufbar.

Die digitale Ausgabe (eBook-Ausgabe) dieses Titels trägt die ISBN 978-3-8366-3926-2 und kann über den Handel oder den Verlag bezogen werden.

Dieses Werk ist urheberrechtlich geschützt. Die dadurch begründeten Rechte, insbesondere die der Übersetzung, des Nachdrucks, des Vortrags, der Entnahme von Abbildungen und Tabellen, der Funksendung, der Mikroverfilmung oder der Vervielfältigung auf anderen Wegen und der Speicherung in Datenverarbeitungsanlagen, bleiben, auch bei nur auszugsweiser Verwertung, vorbehalten. Eine Vervielfältigung dieses Werkes oder von Teilen dieses Werkes ist auch im Einzelfall nur in den Grenzen der gesetzlichen Bestimmungen des Urheberrechtsgesetzes der Bundesrepublik Deutschland in der jeweils geltenden Fassung zulässig. Sie ist grundsätzlich vergütungspflichtig. Zuwiderhandlungen unterliegen den Strafbestimmungen des Urheberrechtes.

Die Wiedergabe von Gebrauchsnamen, Handelsnamen, Warenbezeichnungen usw. in diesem Werk berechtigt auch ohne besondere Kennzeichnung nicht zu der Annahme, dass solche Namen im Sinne der Warenzeichen- und Markenschutz-Gesetzgebung als frei zu betrachten wären und daher von jedermann benutzt werden dürften.

Die Informationen in diesem Werk wurden mit Sorgfalt erarbeitet. Dennoch können Fehler nicht vollständig ausgeschlossen werden, und der Diplomica Verlag, die Autoren oder Übersetzer übernehmen keine juristische Verantwortung oder irgendeine Haftung für evtl. verbliebene fehlerhafte Angaben und deren Folgen.

© Diplomica Verlag GmbH
http://www.diplomica-verlag.de, Hamburg 2010
Printed in Germany

Inhaltsverzeichnis

INHALTSVERZEICHNIS _____ I

ABBILDUNGSVERZEICHNIS _____ IV

TABELLENVERZEICHNIS _____ VI

ABKÜRZUNGSVERZEICHNIS _____ VII

1 EINLEITUNG _____ 1

2 VERÄNDERUNG VON MARKTWERTEN DINGLICHER KREDITSICHERHEITEN _____ 4

    2.1 G RUNDLAGEN VON K REDITSICHERHEITEN _____ 4
        2.1.1 Definition Kreditsicherheiten _____ 4
        2.1.2 Abgrenzung persönliche und dingliche Kreditsicherheiten _____ 5
            2.1.2.1 Persönliche Kreditsicherheiten _____ 6
            2.1.2.2 Dingliche Kreditsicherheiten _____ 8
            2.1.2.3 Gegenüberstellung persönlicher und dinglicher Sicherheiten _____ 11
    2.2 B EWERTUNG DINGLICHER K REDITSICHERHEITEN _____ 12
        2.2.1 Marktpreisbildung und -volatilität _____ 12
        2.2.2 Beleihungswert und Beleihungsgrenze _____ 15
        2.2.3 Realisationswerte _____ 18

3 GRUNDLAGEN DER EIGENKAPITALHINTERLEGUNGSPFLICHT VON BANKEN ___ 19

    3.1 Ü BERBLICK ÜBER B ASEL II _____ 19
        3.1.1 Der Baseler Ausschuss für Bankenaufsicht _____ 19
            3.1.1.1 Gründung und Mitglieder _____ 19
            3.1.1.2 Zielsetzung und Tätigkeitsgebiete _____ 20
        3.1.2 Überblick über die Baseler Eigenkapitalvereinbarung _____ 21
            3.1.2.1 Zeitliche Entwicklung _____ 21
            3.1.2.2 Grundstruktur von Basel II _____ 23
            3.1.2.3 Umsetzung von Basel II in europäisches und deutsches Recht _____ 25
    3.2 R EGULATORISCHES E IGENKAPITAL _____ 26
        3.2.1 Haftendes Eigenkapital _____ 26
            3.2.1.1 Kernkapital _____ 26
            3.2.1.2 Ergänzungskapital _____ 27
        3.2.2 Drittrangmittel _____ 28
        3.2.3 Zuordnung der Eigenmittel zu den Risikoarten _____ 28

4 BANKBETRIEBLICHE RISIKEN UND DEREN MESSVERFAHREN — 29

4.1 Kreditrisiko — 29
4.1.1 Risikogewichtete Aktiva — 29
4.1.2 Kreditrisikomessverfahren — 32
4.1.2.1 Standardansatz — 33
4.1.2.2 IRB-Ansätze — 37
4.2 Operationelles Risiko — 47
4.3 Marktrisiko — 48

5 KREDITRISIKOMINDERUNG DURCH SICHERHEITENANRECHNUNG — 50

5.1 Grundlagen der Sicherheitenanrechnung — 50
5.1.1 Umfang der Sicherungsinstrumente — 51
5.1.2 Mindestanforderungen an Kreditrisikominderungstechniken — 53
5.1.2.1 Allgemeine Mindestanforderungen — 53
5.1.2.2 Mindestanforderungen an die Berücksichtigung sonstiger IRBA-Sicherheiten — 54
5.1.3 Offenlegungspflichten — 55
5.2 Techniken der Kreditrisikominderung — 57
5.2.1 Im Standardansatz — 57
5.2.1.1 Einfache Methode — 58
5.2.1.2 Umfassende Methode — 59
5.2.2 Im IRB-Ansatz — 61
5.2.2.1 IRB-Basisansatz — 61
5.2.2.2 Fortgeschrittener IRB-Ansatz — 65
5.3 Auswirkungen von Marktwertveränderungen — 67

6 DIE FINANZMARKTKRISE UND IHRE AUSWIRKUNGEN AUF DAS EIGENKAPITAL SCHIFFSFINANZIERENDER BANKEN — 72

6.1 Grundlagen der Schiffsfinanzierung — 72
6.1.1 Der Schifffahrtsmarkt und die Schiffsfinanzierung — 72
6.1.2 Bewertung von Schiffen — 77
6.1.2.1 Wertbeeinflussende Faktoren — 79
6.1.2.2 Wertermittlungsverfahren — 81
6.2 Die Finanzmarktkrise und ihre Auswirkungen — 84
6.2.1 Hintergründe der Finanzmarktkrise — 84
6.2.2 Auswirkungen auf die Schiffswerte — 87
6.2.2.1 Veränderungen der Schiffswerte — 87
6.2.2.2 Interview mit der Reederei Hyundai Merchant Marine — 93
6.2.2.3 Alternative Schiffsbewertung — 95
6.2.3 Auswirkungen auf schiffsfinanzierende Banken — 96

7 SCHLUSSFORMULIERUNG _____ **101**

ANHANG A: BERECHNUNG DER RISIKOGEWICHTE IM IRB-ANSATZ_____ **X**

ANHANG B: GLOSSAR ZUR SCHIFFFAHRTSBRANCHE _____**XI**

QUELLEN- UND LITERATURVERZEICHNIS_____ **XVI**

ABBILDUNGSVERZEICHNIS

Abbildung 1:	Angebots- und Nachfragekurve	13
Abbildung 2:	Zusammenhang von Markt-, Beleihungswert und Beleihungsgrenze	16
Abbildung 3:	Die drei Säulen von Basel II	23
Abbildung 4:	Solvabilitätskoeffizient	29
Abbildung 5:	Gesamteigenmittelquote	30
Abbildung 6:	Erläuterungen Gesamteigenmittelquote	30
Abbildung 7:	Risikoarten und -messverfahren gemäß Basel II	31
Abbildung 8:	Komplexität und Risikosensitivität des KST und der IRB-Ansätze	32
Abbildung 9:	Berechnung RWA im IRB-Ansatz	39
Abbildung 10:	Beispielrechnung im IRB-Ansatz	46
Abbildung 11:	Umfang der Sicherungsinstrumente	52
Abbildung 12:	Techniken der Kreditrisikominderung	57
Abbildung 13:	Kreditrisikominderung in der „Einfachen Methode" im KST	58
Abbildung 14:	Kreditrisikominderung in der „Umfassenden Methode" im KST	60
Abbildung 15:	Effektive LGD-Berechnung	64
Abbildung 16:	Beispiel 1 effektive LGD-Berechnung vor Marktwertsenkung	67
Abbildung 17:	Beispiel 1 effektive LGD-Berechnung nach Marktwertsenkung	67
Abbildung 18:	Beispiel 2 effektive LGD-Berechnung vor Marktwertsenkung	68
Abbildung 19:	Beispiel 2 effektive LGD-Berechnung nach Marktwertsenkung	68
Abbildung 20:	LGD-Berechnung im fortgeschrittenen IRB-Ansatz	69
Abbildung 21:	LGD-Berechnung im fortgeschrittenen IRB-Ansatz vor Marktwertsenkung	70
Abbildung 22:	LGD-Berechnung im fortgeschrittenen IRB-Ansatz nach Marktwertsenkung	70
Abbildung 23:	Verhältnis LGD zu Eigenkapital	71
Abbildung 24:	Anteil des Kreditvolumens schiffsfinanzierender Banken	75
Abbildung 25:	Zyklischer Fracht- und Schiffsmarkt	76
Abbildung 26:	Bildung der Charterraten durch Transportangebot und -nachfrage	79
Abbildung 27:	Maritime Research General freight index	88

Abbildung 28: Lloyd´s Shipping Economist tramp trip charter indices 2006-2009 ___ 90

Abbildung 29: Berechnung des Hamburger Ship Evaluation Standards ___ 95

Abbildung 30: LGD-Berechnung im fortgeschrittenen IRB-Ansatz ___ 97

Abbildung 31: Aufteilung des Schiffsportfolios der HSH-Nordbank ___ 98

Abbildung 32: LGD-Berechnung der HSH-Nordbank vor Wertminderung ___ 99

Abbildung 33: LGD-Berechnung der HSH-Nordbank nach Wertminderung ___ 100

TABELLENVERZEICHNIS

Tabelle 1:	Ratingklassen von S&P	35
Tabelle 2:	Risk weight under the Standardised Approach of Basel II	36
Tabelle 3:	IRB-Ansatz für Staaten, Banken und Unternehmen	40
Tabelle 4:	Mindest-LGD für den besicherten Teil von vorrangigen Forderungen	63
Tabelle 5:	Shipping prices and costs executive summary	91
Tabelle 6:	Interview mit der Reederei Hyundai Merchant Marine	93
Tabelle 7:	Sicherheitenwerte vor und nach der Wertminderung	99

Abkürzungsverzeichnis

Abs.	Absatz
aEM	anrechenbare Eigenmittel
Aufl.	Auflage
BaFin	Bundesanstalt für Finanzdienstleistungsaufsicht
BauGB	Baugesetzbuch
Bd.	Band
BGB	Bürgerliches Gesetzbuch
BIZ	Bank für Internationalen Zahlungsausgleich
Bzw.	beziehungsweise
ca.	circa
CAD	Capital Adequacy Directive
CDO	Collateralized Debt Obligations
CRD	Capital Requirement Directive
d.h.	das heißt
DBRS	Dominion Bond Rating Service
EaD	Exposure at Default
EstG	Einkommenssteuergesetz
etc.	et cetera
EU	Europäische Union
Evtl.	Eventuell
Exkl.	Exklusive
f.	Folgende
Fed	Federal Reserve
ggf.	Gegebenenfalls
ggü.	Gegenüber
hEK	haftende Eigenkapital
HGB	Handelsgesetzbuch
HSES	Hamburg Ship Evaluation Standards

i.d.R.	in der Regel
IRBA	Internal Rating Based Approach
IRB-Ansatz	auf internen Ratings basierender Ansatz
ISL	Institut für Seeverkehrswirtschaft und Logistik
JCRA	Japan Credit Rating Agency
KWG	Kreditwesengesetz
KST	Kreditrisikostandardansatz
LGD	Loss Given Default
LGD_M	Mindest-LGD
LTAV	Long Term Asset Value
M	Maturity
MaRisk	Mindestanforderungen an das Risikomanagement
MDBs	Multilateral Development Banks
MEZ	Mitteleuropäische Zeit
Mio.	Millionen
n.a.	Not available
PD	Probability of Default
PSEs	Public Sector Entities
RW	Risikogewicht
RWA	Risikogewichtete Aktiva
S	Size
S.	Seite
s.	siehe
SI	anzusetzender Wert der Sicherheit
SolvV	Solvabilitätsverordnung
SRP	Supervisory Review Process
US	United States
USA	United States of America
USD	United States Dollar
V	tatsächlicher Sicherungsgrad

VaR	Value at Risk
VHSS	Vereinigung Hamburger Schiffsmakler und Schiffsagenten
V_M	Mindestbesicherungsgrad
$V_Ü$	Übersicherungsgrad
z. B.	Zum Beispiel

1 Einleitung

15. September 2008: Lehman Brothers, eine der weltweit größten Investmentbanken bricht zusammen und gibt damit den Auslöser für die akute Phase der Finanzmarktkrise. Es war lediglich eine Frage der Zeit, bis dieser Tag, welcher als „Schwarzer Montag" in die Geschichtsbücher eingehen wird, kommen würde. Die im Vorfelde ausgelöste Immobilienkrise in den USA führte somit durch die Verflechtung der Volkswirtschaften zu einer weltweiten Finanzmarktkrise. Viele Menschen verloren ihr angelegtes Geld, Vermögensgegenstände verloren an Wert und durch die Insolvenzen diverser Unternehmen steigt die Arbeitslosigkeit. Die aus diesen Ereignissen folgende Verunsicherung in der Bevölkerung führt unmittelbar zu einer sinkenden Nachfrage nach Konsum- und Investitionsgütern weltweit. Da Deutschland lange Zeit Exportweltmeister war und immer noch mit an der Spitze steht, trifft die gesunkene Nachfrage aus dem Ausland den deutschen Export besonders stark. Dies hat wiederum katastrophale Folgen für die Transportwirtschaft. Im Besonderen ist hierbei die Schifffahrtsbranche betroffen, da rund 90 Prozent des weltweiten Handels über diese abgewickelt wird. Hieraus folgt, dass auch die Nachfrage nach zu transportierenden Schiffen zurückgeht, wodurch ein enormer Werteverlust dieser zu verzeichnen ist. Der extreme Preisverfall ist zudem darin begründet, dass die Schifffahrtsbranche in den letzten Jahrzehnten sehr starke Wachstumsraten verzeichnete und aus diesem Grunde verstärkt der Bau von neuen Schiffen in Auftrag gegeben wurde. Demnach sind trotz sinkender Nachfrage nach Schiffen die Orderbücher der Werften gut gefüllt, was das Angebot an Schiffen zusätzlich erhöht.

Die Auswirkungen der durch die Finanzmarktkrise gesunkenen Schiffspreise führen unter anderem bei den schiffsfinanzierenden Banken in Deutschland, wobei diese, angeführt von der HSH-Nordbank, rund 40 Prozent der Weltschifffahrt finanzieren, zu einer erhöhten Eigenkapitalhinterlegungspflicht. Diese trägt wiederum dazu bei, dass die Banken zurückhaltender bei der Kreditvergabe geworden sind.

Ziel dieses Buches ist es auf wissenschaftlicher Basis die These zu belegen, dass die Auswirkungen der Finanzmarktkrise auf die Schifffahrtsbranche und somit auf die Schiffswerte zu der so häufig in den Medien genannten Kreditklemme beitragen.

Die Verbindung zwischen Schifffahrtsmarkt und Finanzmarkt liegt also darin, dass Banken, wie beispielsweise die HSH-Nordbank, die Nord/LB oder die KfW IPEX-Bank, den Bau bzw. Kauf von Schiffen finanzieren. Als Kreditsicherheit dient hierbei vor allem, wie im Fall einer Immobilenfinanzierung, das Schiff selbst. Aus diesem Grunde wird diese Sicherheitenart als „Schiffshypothek" bezeichnet.

Zur Erreichung des oben gesetzten Ziels wird im beginnenden Kapitel 2 auf die Veränderungen von Marktwerten dinglicher Kreditsicherheiten eingegangen. Im Speziellen bedeutet dies, dass im ersten Schritt die allgemeinen Grundlagen von Kreditsicherheiten erläutert werden und im Anschluss daran auf die vom Kreditinstitut durchzuführende Bewertung dinglicher Kreditsicherheiten eingegangen wird. Hierbei wird insbesondere die Marktpreisbildung, welche sich durch den Preismechanismus von Angebot und Nachfrage ergibt, angeführt. Da alle Kreditsicherheiten im Zeitverlauf Schwankungen in der Bewertung durch den Markt unterworfen sind, stellt sich die Frage, welche Konsequenzen sich hieraus für die Eigenkapitalhinterlegungspflicht von Banken ergeben.

Das dritte Kapitel gibt Auskunft über die Grundlagen der Eigenkapitalhinterlegungspflicht von Banken. Hierzu wird ein Überblick sowohl über die Baseler Eigenkapitalanforderungen, kurz Basel II, als auch über das regulatorische Eigenkapital, welches als zu hinterlegendes Kapital dient, gegeben. Die Höhe des zu hinterlegenden Eigenkapitals von Kreditinstituten orientiert sich dabei an der Höhe des Kreditrisikos, welches auch als Adressausfallrisiko bezeichnet wird. Aus diesem Grunde wird im darauf folgenden Kapitel 4 auf die bankbetrieblichen Risiken und deren Messverfahren eingegangen.

Im Anschluss daran verknüpft das fünfte Kapitel die Eigenkapitalhinterlegungspflicht mit den Kreditsicherheiten. Es wird aufgezeigt, wie Kreditsicherheiten das Kreditrisiko mindern können und somit auch das zu hinterlegende Eigenkapital. Das gesamte Buch ist darauf hin ausgerichtet, dass die im sechsten und damit letzten Kapitel angeführten Auswirkungen der Finanzmarktkrise auf die Eigenkapitalhinterlegungspflicht von schiffsfinanzierenden Banken verständlich sind und somit die oben gestellte These bestätigt wird.

2 Veränderung von Marktwerten dinglicher Kreditsicherheiten

Um die Konsequenzen von Marktwertveränderungen dinglicher Kreditsicherheiten auf die Eigenkapitalhinterlegungspflicht von Banken aufzeigen zu können, wird im ersten Teil dieses Buches auf die Veränderung von Marktwerten dinglicher Kreditsicherheiten eingegangen. Im Speziellen bedeutet dies zunächst die Erläuterung der Grundlagen von Kreditsicherheiten mit anschließender Vertiefung in dem Bereich der Bildung und Veränderung von Marktwerten dinglicher Kreditsicherheiten.

2.1 Grundlagen von Kreditsicherheiten

Um den Einfluss von Kreditsicherheiten auf die Eigenkapitalhinterlegungspflicht verständlich machen zu können, werden im Vorfeld die Grundlagen von Kreditsicherheiten erläutert. Im ersten Schritt findet dazu eine Definition von Kreditsicherheiten statt, während im zweiten Schritt eine Abgrenzung von persönlichen und dinglichen Kreditsicherheitenarten erfolgt.

2.1.1 Definition Kreditsicherheiten

Das Ziel einer Kreditsicherheit ist die Gewährleistung der Erfüllung einer Forderung. Die Sicherung liegt darin, dass der Gläubiger auf die Sicherheit zurückgreifen kann, wenn der Schuldner seiner Zahlungsverpflichtung nicht nachkommen kann oder will. In diesem Fall tritt die Sicherheit an die Stelle der Leistung des Schuldners und führt somit zur Befriedung der Forderung. Das Verlangen nach einer Sicherheit seitens des Kreditgebers ist somit Ausdruck von Misstrauen in die Solvenz des Kreditnehmers.[1] Da nur die wenigsten Kredite nach ausgiebiger Kreditwürdigkeitsprüfung des Schuldners als Blankokredite vergeben werden, ist die Sicherheitenbestellung ein wichtiger Bestandteil des Kreditvergabeprozesses.[2] Hierbei beeinflussen die Art und Höhe des Kredits, die Art der Kreditsicherheit und deren Maß. Macht der Kreditgeber von der

---

[1] Vgl. *Bülow, P.*, Recht der Kreditsicherheiten, 2007, S. 1–2.
[2] Vgl. *Boeckers, T./Eitel, G./Weinberg, M.*, Kreditsicherheiten, 1997, S. 16.

Sicherheit Gebrauch, so soll er nicht mehr bekommen, als die vom Kreditnehmer zu erbringende Leistung ausmacht.[3] Zur rechtswirksamen Bestellung einer Sicherheit ist ein so genannter Sicherstellungsvertrag erforderlich, welcher zwischen dem Kreditgeber (Sicherungsnehmer) und dem Sicherungsgeber geschlossen wird. Hierbei kann der Sicherungsgeber je nach Art der Sicherheit der Kreditnehmer oder ein Dritter sein.[4]

Bevor im nächsten Abschnitt auf die Arten von Kreditsicherheiten eingegangen wird, findet vorab eine Erläuterung zur Abhängigkeit der Sicherheit vom Kredit statt, da diese im weiteren Verlauf des Abschnittes häufiger Anwendung findet.

Wird die Abhängigkeit der Sicherheit vom Kredit betrachtet, so lassen sich hierbei zwei grundlegende Arten unterscheiden: Akzessorische und treuhänderische Sicherheiten. Bei der akzessorischen Sicherheit besteht eine direkte Abhängigkeit zwischen der Kreditforderung und der Sicherheit. Dies bedeutet beispielsweise, dass im Falle einer nicht in Anspruch genommenen Kreditzusage auch keine Sicherheit begründet wird. Im Umkehrschluss erlischt das Recht des Kreditgebers auf die Sicherheit im Falle einer vollständigen Kreditablösung. Unter die akzessorischen Sicherheiten fallen unter anderem die Bürgschaft, das Pfandrecht und die Hypothek, welche im nächsten Abschnitt näher behandelt werden. Im Gegensatz zu den akzessorischen Sicherheiten besteht bei treuhänderischen Sicherheiten keine vollkommene Abhängigkeit zwischen der Forderung und der Sicherheit. Das bedeutet, die Sicherheit ist zwar an einen Sicherungszweck gebunden aber nicht an eine einzelne Forderung. Somit erlischt das Recht an der Sicherheit erst mit dem Erlöschen des Sicherungszweckes, welcher mehrere Einzelforderungen umfassen kann.[5]

2.1.2 Abgrenzung persönliche und dingliche Kreditsicherheiten

Bei den Arten von Kreditsicherheiten unterscheidet man grundlegend die persönlichen (Personalsicherheiten) und die dinglichen (Sachsicherheiten) Kreditsicherheiten. Im Folgenden werden diese beiden Arten definiert und die dazugehörigen Sicherungs-

---

[3] Vgl. *Bülow, P.*, Recht der Kreditsicherheiten, 2007, S. 3.
[4] Vgl. *Lwowski, H.-J./Gößmann, W.*, Grundzüge Kreditsicherheiten, 1990, S. 25.
[5] Vgl. *Lwowski, H.-J./Gößmann, W.*, Grundzüge Kreditsicherheiten, 1990, S. 23–24.

mittel erläutert. Abschließend werden beide Sicherheitenarten gegenübergestellt und voneinander abgegrenzt.

2.1.2.1 Persönliche Kreditsicherheiten

Bei persönlichen Kreditsicherheiten stellt ein Dritter, der Sicherungsgeber, sein gesamtes oder Teile seines Vermögens als Kreditsicherung für den Kreditnehmer zur Verfügung. Hierbei sind demnach Kreditnehmer und Sicherungsgeber nicht identisch.[6] Im Falle einer Nichtbefriedigung des Kredites kann also der Sicherungsnehmer im Rahmen der Zwangsvollstreckung sich aus dem gesamten Vermögen des Sicherungsgebers befriedigen. Zu den persönlichen Sicherheiten zählen die im Folgenden aufgeführte Bürgschaft, der Kreditauftrag, die Garantie, die Schuldmitübernahme, die Patronatserklärung und die Negativklausel.[7]

Die **Bürgschaft** ist im Bürgerlichen Gesetzbuch (BGB) im § 765 Abs.1 wie folgt definiert: "Durch den Bürgschaftsvertrag verpflichtet sich der Bürge gegenüber dem Gläubiger eines Dritten, für die Erfüllung der Verbindlichkeit des Dritten einzustehen."[8]

Der **Kreditauftrag** ist eine mit der Bürgschaft verwandte Sicherheit. Aus diesem Grunde sind die entsprechenden Vorschriften der Bürgschaft auch auf den Kreditauftrag anzuwenden. Beim Kreditauftrag beauftragt eine Person im eigenen Namen und auf eigene Rechnung eine andere Person, einem Dritten einen Kredit zu gewähren und haftet für die entstehende Verbindlichkeit gegenüber dem Dritten als Bürge.[9]

Bei einer **Garantie** verpflichtet sich der Sicherungsgeber (Garant) für einen in der Zukunft liegenden Erfolg einzustehen. Hierbei besteht der Unterschied zur Bürgschaft darin, dass die Garantie nicht akzessorisch ist und somit keine Verbindung zu einer

---

[6] Vgl. *Bülow, P.*, Recht der Kreditsicherheiten, 2007, S. 4.
[7] Vgl. *Lwowski, H.-J./Gößmann, W.*, Grundzüge Kreditsicherheiten, 1990, S. 23.
[8] *Köhler, H.*, BGB, 2009, S. 193.
[9] Vgl. *Boeckers, T./Eitel, G./Weinberg, M.*, Kreditsicherheiten, 1997, S. 33.

einzelnen Forderung besteht. Daraus ergibt sich, dass die Verpflichtung des Garanten größer als die des Bürgen ist.[10]

Im Rahmen der **Schuldmitübernahme** lassen sich zwei grundlegende Formen unterscheiden:

1) Die *befreiende Schuldübernahme*, bei der ein Neuschuldner an die Stelle des Altschuldners tritt und dieser völlig aus dem Schuldverhältnis ausscheidet.
2) Der *Schuldbeitritt*, bei welchem neben den bisherigen Schuldner ein neuer Schuldner in das Schuldverhältnis eintritt.[11]

Bei einer **Patronatserklärung** verpflichtet sich ein Unternehmen seine Tochtergesellschaft, welche gleichzeitig Kreditnehmerin ist, in der Weise mit Kapital auszustatten, dass sie stets ihren finanziellen Verpflichtungen aus dem Kreditvertrag nachkommen kann. In der Praxis werden die harte und weiche Patronatserklärung unterschieden.[12] Bei der harten Patronatserklärung geht die Muttergesellschaft ähnliche Verpflichtungen wie bei einer Garantie ein, wo hingegen bei einer weichen Patronatserklärung der Muttergesellschaft entweder keine oder nur eingeschränkte rechtliche Verpflichtungen entstehen.[13]

Hinter der **Negativklausel** verbirgt sich eine Vereinbarung zwischen Kreditnehmer und Kreditgeber, in der sich der Kreditnehmer dazu verpflichtet bestimmte Rechtshandlungen zu unterlassen. Hierunter fallen insbesondere die Bestellung weiterer Sicherheiten für Dritte oder die Belastung anderer Vermögenswerte.[14]

---

[10] Vgl. *Wöhe, G./Bilstein, J.*, Unternehmensfinanzierung, 2002, S. 190.
[11] Vgl. *Lwowski, H.-J./Gößmann, W.*, Grundzüge Kreditsicherheiten, 1990, S. 64–65.
[12] Vgl. *Boeckers, T./Eitel, G./Weinberg, M.*, Kreditsicherheiten, 1997, S. 32.
[13] Vgl. *Theißen, M.*, Ersatzsicherheiten, http://www.hochschule-bochum.de (22.07.2009 17:32 MEZ).
[14] Vgl. *Lwowski, H.-J./Gößmann, W.*, Grundzüge Kreditsicherheiten, 1990, S. 68.

2.1.2.2 Dingliche Kreditsicherheiten

Dingliche Kreditsicherheiten werden in der Literatur auch als so genannte Sachsicherheiten oder Realsicherheiten bezeichnet. Sie geben dem Sicherungsnehmer im Falle der Nichtleistung des Kreditnehmers das Recht an einem Vermögensgegenstand. Der Kreditgeber erlangt hierbei jedoch keinen Anspruch auf Zahlung einer bestimmten Geldsumme, sondern nur das Recht auf den Vermögensgegenstand. Hierbei ist zu bedenken, dass die meisten Vermögensgegenstände Wertveränderungen unterliegen. Zu den dinglichen Sicherheiten zählen unter anderem das Pfandrecht, die Sicherungsübereignung, die Sicherungsabtretung, der Eigentumsvorbehalt und die Grundpfandrechte.[15] Im Folgenden wird auf die einzelnen Sicherungsmittel eingegangen.

Beim **Pfandrecht** geht es um die Übertragung des Rechtes an dinglichen Sachen, welches dem Sicherungsnehmer gestattet die Sicherheit vorrangig vor anderen Gläubigern zu verwerten. Das Pfandrecht entsteht durch die Einigung und Übergabe zwischen Kreditnehmer und Kreditgeber. Das Pfandrecht zählt zu den akzessorischen Sicherheiten, wodurch die Sicherheit wie oben beschrieben an eine bestimmte Forderung gebunden ist.[16]

Im Gegensatz zum Pfandrecht bleiben bei der **Sicherungsübereignung** bewegliche Sachen im un-mittelbaren Besitz des Sicherheitengebers. Der Sicherungsnehmer erhält lediglich das Recht bei Nichterfüllung der gesicherten Forderung die Sicherheit zu verwenden. Diese Art der Sicherheit eignet sich besonders für laufend benötigte betriebliche Gegenstände, wie zum Beispiel Produktionsmaschinen.[17,18]

Die **Sicherungsabtretung** wird in der Literatur auch häufig als "Abtretung von Forderungen" oder "Zession" bezeichnet. Bei der Sicherungsabtretung kann ein

---

[15] Vgl. *Lwowski, H.-J./Gößmann, W.,* Grundzüge Kreditsicherheiten, 1990, S. 23.
[16] Vgl. *Wöhe, G./Bilstein, J.,* Unternehmensfinanzierung, 2002, S. 195.
[17] Vgl. *Boeckers, T./Eitel, G./Weinberg, M.,* Kreditsicherheiten, 1997, S. 53.
[18] Vgl. *Wöhe, G./Bilstein, J.,* Unternehmensfinanzierung, 2002, S. 195–196.

Kreditnehmer seinem Kreditgeber für die Dauer des Kreditverhältnisses bereits bestehende oder auch zukünftige Forderungen gegenüber seinen Kunden abtreten. An die Stelle des alten Gläubigers (Kreditnehmer), auch Zedent genannt, tritt nun der neue Gläubiger (Kreditgeber), auch Zessionar genannt. Hierbei ist die Zustimmung des Drittschuldners nicht erforderlich.[19]

Bei der Zession sind zwei Vorgehensweisen und drei Arten zu unterscheiden:

- Offene Zession: Bei dieser Vorgehensweise der Zession wird dem Drittschuldner die Abtretung der Forderung offen gelegt. Der Drittschuldner kann nur noch mit schuldbefreiender Wirkung an den Zessionar zahlen.
- Stille Zession: Im Gegensatz zur offenen Zession wird bei der stillen Zession dem Drittschuldner die Forderungsabtretung nicht angezeigt. In diesem Falle erfolgt die Zahlung des Drittschuldners mit schuldbefreiender Wirkung weiter an den Zedenten.
- Einzelzession: Bei dieser Zessionsart handelt es sich um die Abtretung einer einzelnen Forderung. Diese Art der Sicherung ist nur geeignet, wenn es sich um einen einmaligen und kurzfristigen Kredit handelt oder der Kredit als Vorschuss für eine spezielle Forderung gedacht ist.
- Mantelzessionsvertrag: Im Rahmen eines Mantelzessionsvertrages verpflichtet sich der Kreditnehmer laufend gegenwärtige Forderungen bis zu einer bestimmten Gesamthöhe an den Kreditgeber abzutreten. Zur Wirksamkeit der Abtretung müssen entweder die Debitorenliste oder die Rechnungskopien an den Zessionar übergeben werden.
- Globalzessionsvertrag: Im Gegensatz zur Mantelzession erfolgt bei der Globalzession die Abtretung sämtlicher gegenwärtiger sowie zukünftiger Forderungen. Der rechtliche Übergang der Forderungen erfolgt bereits durch Abschluss des Sicherheitenvertrages und nicht erst durch Übergabe der Debitorenlisten oder Rechnungskopien.[20]

---

[19] Vgl. *Wöhe, G./Bilstein, J.,* Unternehmensfinanzierung, 2002, S. 193.
[20] Vgl. *Boeckers, T./Eitel, G./Weinberg, M.,* Kreditsicherheiten, 1997, S. 45.

Bei einem *Eigentumsvorbehalt* sichert sich ein Verkäufer solange das Eigentum an der bereits übergebenen Sache, bis die aufschiebende Bedingung der vollständigen Bezahlung eingetreten ist. Diese Art der Sicherung ist besonders prädestiniert für Lieferantenkredite. Es gibt folgende drei Arten von Eigentumsvorbehalten:[21]

- Der *einfache Eigentumsvorbehalt* stellt die Grundform wie oben beschrieben dar. Das Eigentum erlischt jedoch, wenn die Sache im Produktionsprozess verarbeitet wird.
- Im Rahmen des *erweiterten Eigentumsvorbehaltes* geht das Eigentum erst dann an den Käufer über, wenn alle Verpflichtungen aus der laufenden Geschäftsbeziehung vom ihm erfüllt wurden.
- Um die gekauften Sachen im Produktionsprozess weiterverarbeiten zu dürfen oder einem Dritten das Eigenturm an dieser Sache übertragen zu können, wird im Rahmen des *verlängerten Eigentumsvorbehaltes* dem Verkäufer das Recht an den produzierten bzw. weiterverkauften Sachen einräumt.[22]

Die **Grundpfandrechte** finden oft im Rahmen langfristiger Finanzierungen beim Bau oder Kauf eines Grundstückes, Gebäudes oder ähnlichen Vermögensgegenständen Anwendung. Im Vergleich zum Pfandrecht, bei dem das Recht an der Sicherheit durch die Übergabe entsteht, erfolgt bei den Grundpfandrechten die Sicherheitenbestellung durch Eintragung ins Grundbuch oder jeweilige Register. Zu den Grundpfandrechten zählen die Hypothek, die Grundschuld und die Rentenschuld, wobei letzterem keine Bedeutung als Kreditsicherungsmittel zukommt.[23]

- Bei einer *Hypothek* wird das Objekt in der Weise belastet, dass eine bestehende Forderung durch Verwertung des Objektes zu bezahlen ist, falls der Schuldner seinen Verpflichtungen nicht nachkommen sollte. Bei der Hypothek handelt es sich um eine akzessorische Sicherheit. Beispielhaft seien hier die Buchhypothek, Sicherungshypothek, Schiffshypothek und Flugzeughypothek genannt.

---

[21] Vgl. *Wöhe, G./Bilstein, J.*, Unternehmensfinanzierung, 2002, S. 191.
[22] Vgl. *Wöhe, G./Bilstein, J.*, Unternehmensfinanzierung, 2002, S. 191–193.
[23] Vgl. *Wöhe, G./Bilstein, J.*, Unternehmensfinanzierung, 2002, S. 196–198.

- Die *Grundschuld* ist im Vergleich zur Hypothek nicht akzessorisch und somit Forderungs-unabhängig. Die Grundschuld sichert dem Begünstigen die Zahlung einer bestimmten Geldsumme aus dem jeweiligen Grundstück zu. Zu den Grundschulden zählen unter anderem die Buchgrundschuld, die Briefgrundschuld und die Eigentümergrundschuld.[24]

2.1.2.3 Gegenüberstellung persönlicher und dinglicher Sicherheiten

Jede der beiden eben beschriebenen Sicherheitenarten bietet dem Kreditgeber verschiedene Vor- und Nachteile. Die persönlichen Sicherheiten bieten den Vorteil, dass der Sicherungsgeber mit seinem gesamten Vermögen für den Kreditnehmer haftet. Bei den dinglichen Sicherheiten hingegen haftet lediglich der Vermögensgegenstand für die Nichtleistung des Kreditnehmers, unabhängig von deren Wertverschlechterung oder Existenz. Auf der anderen Seite bieten die dinglichen Sicherheiten, sofern sie noch vorhanden sind, die Gewähr einer ganzen oder teilweisen Deckung des Kreditbetrages im Verwertungsfall. Bei persönlichen Sicherheiten hingegen kann sich das Recht auf Befriedigung als wertlos herausstellen, falls der Sicherungsgeber selbst in die Insolvenz geraten ist oder sich sein Vermögen extrem reduziert hat. Welche der beiden Sicherheitenarten angemessener ist, ist somit vom Einzelfall abhängig zu machen. Da sich die Bonität eines Dritten jedoch schwer auf längere Sicht beurteilen lässt, werden in der Praxis die dinglichen Sicherheiten, und hier wiederum das Grundpfandrecht, vorgezogen. Der Sicherungsnehmer kennt i.d.R. das belastete Objekt und hat idealerweise schon Erfahrungswerte bei seiner Verwertung gesammelt, wodurch er im Vornherein abschätzen kann, inwieweit er befriedigt werden würde.[25]

---

[24] Vgl. *Boeckers, T./Eitel, G./Weinberg, M.*, Kreditsicherheiten, 1997, S. 64–72.
[25] Vgl. *Lwowski, H.-J./Gößmann, W.*, Grundzüge Kreditsicherheiten, 1990, S. 30.

2.2 Bewertung dinglicher Kreditsicherheiten

Neben der Frage nach der Art der Sicherheit und dem Sicherungsmittel wird in der Praxis der Bewertung von Kreditsicherheiten, d.h. dem Bestimmen des Marktwertes, eine wesentliche Bedeutung zugemessen.[26] Da im Fokus dieses Buches die dinglichen Kreditsicherheiten stehen, soll sich dieser Abschnitt auch auf dergleichen beziehen. Hierbei werden je nach Art des Vermögensgegenstandes einfache Ansätze oder komplexere Untersuchungen zur Wertermittlung herangezogen. Beispielsweise bestimmen bei Wertpapieren die gehandelten Marktpreise den Wert, wo hingegen bei Immobilien wesentlich aufwendigere Bewertungsverfahren zum Einsatz kommen, welche zu einem individuellen Sicherheitenansatz führen.[27] Ziel einer Sicherheitenbewertung ist es, während der gesamten Laufzeit des Krediets und somit auch für die Zukunft, realistische Sicherheitenansätze zu finden, durch die im Falle eines Ausfalles des Kreditnehmers eine Befriedigung des Krediets durch die Sicherheitenverwertung gegeben ist.[28]

Im Folgenden wird auf die Marktpreisbildung und -volatilität, den Beleihungswert und die Beleihungsgrenze sowie den Realisationswert eingegangen. Auf konkrete Wertermittlungsverfahren wird an dieser Stelle verzichtet werden, da im Rahmen des Kapitels 6 eine ausführliche Darstellung am Beispiel der Schiffshypothek vorgenommen wird.

2.2.1 Marktpreisbildung und -volatilität

Der Marktwert eines Vermögensgegenstandes stellt die Benchmark für die Sicherheitenbewertung eines Kreditinstitutes dar. Der Marktwert, welcher auch als Verkehrswert bezeichnet wird, bestimmt sich hierbei über den Preis, welcher zum Zeitpunkt der Marktwertermittlung im gewöhnlichen Geschäftsverkehr zu erzielen

---

[26] Vgl. *Lwowski, H.-J./Gößmann, W.,* Grundzüge Kreditsicherheiten, 1990, S. 29–30.
[27] Vgl. *Haun, M./Kaltofen, R. G.,* Pricing, in: Becker, A./Gehrmann, V./Schulte-Mattler, H., Ökonomisches Kapital,
2008, S. 76–77.
[28] Vgl. *Bundesverband der Deutschen Volksbanken und Raiffeisenbanken e. V.,* Bewertung, 2006, S. 15.

wäre.[29] Aus diesem Grunde wird im Folgenden auf den Preismechanismus von Angebot und Nachfrage aus ökonomischer Sicht eingegangen.

Der Preis eines Vermögensgegenstandes ergibt sich auf einem typischen polypolistischen Wettbewerbsmarkt in der Regel durch den Preismechanismus von Angebot und Nachfrage. Durch die Polypolstellung der Anbieter sind im Vergleich zu oligopolistischen Märkten oder Anbietern mit Monopolstellung in der Regel keine Preisabsprachen möglich. Um den Preismechanismus anschaulich darstellen zu können empfiehlt sich die Erläuterung der Angebots- und Nachfragekurve durch folgende Abbildung 1.[30]

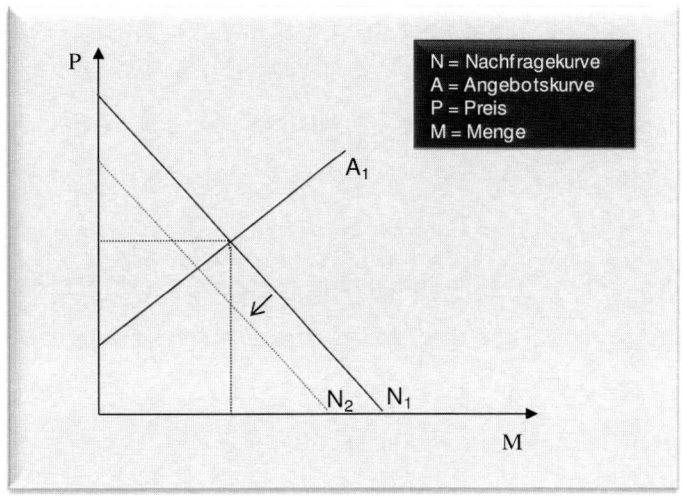

Abbildung 1: Angebots- und Nachfragekurve
Quelle: In Anlehnung an *Bofinger, P.*, Volkswirtschaftslehre, 2003, S. 82.

„[Die Angebotsfunktion] [..] beschreibt den Zusammenhang zwischen dem Preis, der für ein Gut bezahlt wird, und der Menge, die davon angeboten wird."[31] Da ein Anbieter mindestens seine variablen Kosten decken muss, beginnt die Angebotskurve nicht im Koordinatenursprung sondern oberhalb von diesem, wo der Preis den variablen Kosten entspricht. Da mit diesem Preis jedoch noch keine Fixkosten gedeckt werden, liegt die angebotene Menge hier noch bei Null. Steigt der Preis nun kontinuierlich an, so ist der

---

[29] *Bundesministerium der Justiz,* BauGB, http://www.gesetze-im-internet.de (29.07.2009 15:41 MEZ).
[30] Vgl. *Bofinger, P.,* Volkswirtschaftslehre, 2003, S. 81.
[31] *Bofinger, P.,* Volkswirtschaftslehre, 2003, S. 83.

Anbieter ständig bereit eine größere Menge anzubieten. Es besteht also ein positiver Zusammenhang zwischen Preis und angebotener Menge, wodurch sich eine steigende Funktion ergibt. Die Nachfragefunktion hingegen beschreibt den Zusammenhang zwischen der nachgefragten Menge und dem Preis, den jemand bereit ist für eine bestimmte Menge zu bezahlen. In der Regel besteht hier ein negativer Zusammenhang zwischen Preis und Menge, was sich in dem Gesetz des abnehmenden Grenznutzens begründet.[32] Zur Verdeutlichung dient folgendes Beispiel: Eine Familie kauft sich ein neues Auto. Der Nutzen besteht darin, dass alle vier Familienmitglieder transportiert, große Einkäufe getätigt und weite Strecken zurückgelegt werden können. Ein Jahr später denkt die Familie über den Kauf eines zweiten Wagens nach, da der Vater häufig am Wochenende mit der Tochter zu Fussballspielen unterwegs ist und die Mutter somit kein Auto zur Verfügung hat. Der Nutzen eines Autos gleicher Art wäre im Vergleich zum ersten Wagen wesentlich geringer und somit wäre die Familie wohl kaum bereit den gleichen Preis wie für das erste Auto zu bezahlen. Im Falle eines dritten Wagens wäre der Nutzen noch geringer oder sogar negativ, da nur zwei Autos zur Zeit gefahren werden können und evtl. sogar noch ein Stellplatz angemietet werden müsste, da auf dem Familiengrundstück nur Platz für zwei Autos ist.

Im Schnittpunkt von Angebots- und Nachfragekurve liegt der so genannte Gleichgewichtspreis. Da es jedoch in der Realität keine Institute oder dergleichen gibt, die die Gleichgewichtspreise jeglicher Güter bestimmen, pendelt sich der Preis über folgenden Mechanismus ein: Liegt die angebotene Menge beispielsweise unter der nachgefragten Menge, so kann der Anbieter den Preis so lange erhöhen, bis nur noch so viele Leute bereit sind zu diesem Preis zu kaufen, dass die angebotene Menge der Nachgefragten entspricht. Liegt umgekehrt die angebotene Menge über der Nachgefragten, so wird der Anbieter solange den Preis senken, bis so viele Leute bereit sind zum angebotenen Preis seine Ware zu kaufen, dass die angebotene Menge wieder der Nachgefragten entspricht.[33]

---

[32] Vgl. *Bofinger, P.*, Volkswirtschaftslehre, 2003, S. 81–83.
[33] Vgl. *Scherer, T.*, Markt und Preis, 1994, S. 13–14.

Was passiert aber nun, wenn sich die gesamte wirtschaftliche Nachfrage verringert, wie zum Beispiel im Rahmen der aktuellen Finanzmarktkrise? In einem solchen Fall verschiebt sich die Nachfragekurve in Abbildung 1 von N_1 zu N_2, so dass sich über den Preismechanismus ein neuer, niedrigerer Gleichgewichtspreis einpendelt und somit auch das Angebot sinken wird.[34]

Zusammenfassend bestimmt also die aktuelle Angebots- und Nachfragesituation den Marktwert. Da der Marktwert als Basis in die Bewertung von Kreditsicherheiten im Rahmen des Kreditvergabeprozesses einfließt, wirken sich Marktwertveränderungen direkt auf den Sicherheitenwert aus. Anzumerken ist hierbei, dass negative Marktwertveränderungen einer Kreditsicherheit, die Notwendigkeit einer Nachsicherung, d. h. Stellung weiterer Sicherheiten, mit sich bringen können, falls der Umfang der Wertminderung nicht in den vorherigen Sicherheitsabschlägen berücksichtigt wurde.

2.2.2 Beleihungswert und Beleihungsgrenze

Ausgehend vom oben aufgezeigten Marktwert stellt der *Beleihungswert* einen aus dem langfristigen Marktgeschehen abgeleiteten, eigenständigen Wert dar. Dieser Wert kann mit hoher Wahrscheinlichkeit an einem weit in die Zukunft gerichteten Zeitpunkt im normalen Geschäftsverkehr realisiert werden. Der Beleihungswert stellt also im Gegensatz zum Marktwert den Wert eines Vermögensgegenstandes aus Sicht eines Kreditinstitutes dar. Da der stichtagsbezogene Marktwert allein keine geeignete Grundlage für die Sicherheitenbewertung darstellt, wird der zeitraumbezogene Beleihungswert herangezogen.[35] Der Beleihungswert kann somit dem derzeitigen Marktwert entsprechen, wird aber in der Regel niedriger als der Marktwert sein.[36] „Der Beleihungswert darf [dabei] einen auf transparente Weise und nach einem

---

[34] Vgl. *Bofinger, P.,* Volkswirtschaftslehre, 2003, S. 84.
[35] Vgl. *Deutscher Genossenschafts- und Raiffeisenverband e.V.,* Richtlinie Bewertung, 1995, S. 24.
[36] Vgl. *Bundesverband der Deutschen Volksbanken und Raiffeisenbanken e. V.,* Bewertung, 2006, S. 16–29.

anerkannten Bewertungsverfahren ermittelten Marktwert nicht übersteigen."[37] Auf Grund der Ungewissheit über zukünftige Entwicklungen werden vom Beleihungswert so genannte Risikoabschläge genommen, wodurch die *Beleihungsgrenze* als absolute Obergrenze des Sicherungswerts ermittelt wird. Die Beleihungsgrenze drückt also aus, bis zu welchem Teil des Beleihungswerts ein Sicherheitenwert beigemessen werden kann. Dieser Sicherungswert ist der unter Berücksichtigung aller zum Zeitpunkt der Bewertung bekannten wertbeeinflussenden Faktoren anzusetzende Wert der Kreditsicherheit. Die Überprüfung der Angemessenheit der Beleihungswerte ist in gewissen Abständen durchzuführen und ggf. sind Anpassungen vorzunehmen, falls der Marktwert unter den vorher bestimmten Beleihungswert gesunken ist.[38]

Um den Zusammenhang von Markt-, Beleihungswert und Beleihungsgrenze zu verdeutlichen ist folgende Abbildung 2 angeführt:

Abbildung 2: Zusammenhang von Markt-, Beleihungswert und Beleihungsgrenze
Quelle: Eigene Abbildung.

Die beeinflussenden Faktoren der Höhe dieser Risikoabschläge liegen in der Qualität des Vermögensgegenstandes, welche im Wesentlichen durch die Wertbeständigkeit, Liquidierbarkeit, den Beziehungen zwischen Kreditnehmer und –geber (Abhängigkeit/Unabhängigkeit) sowie der Wirtschaftlichkeit der Sicherheiten-

---

[37] *Stareczek, R.,* Immobilien-Sachverständiger, http://www.immobilien-sachverstaendige.info (06.08.2009 11:43 MEZ).
[38] Vgl. *Bundesverband der Deutschen Volksbanken und Raiffeisenbanken e. V.,* Bewertung, 2006, S. 16–29.

verwaltung beeinflusst werden.[39] Im Folgenden wird auf diese vier Faktoren eingegangen.

Die **Wertbeständigkeit** hängt primär von der Art der Sicherheit ab. Beispielsweise ist die Volatilität bei Immobilienvermögen als vergleichsweise gering einzuschätzen, wobei börsennotierte Aktien eher zu starken Wertschwankungen neigen. Des Weiteren sind zum Beispiel verderbliche Waren im Rahmen der Sicherungsübereignung als langfristige Kreditsicherheit auf Grund fehlender Wertbeständigkeit ungeeignet. Der Faktor **Liquidierbarkeit** ist unter den Gesichtspunkten der Liquidationsdauer und Liquidationskosten zu sehen. Die Liquidierbarkeit von Sicherheiten für welche funktionsfähige Märkte, wie zum Beispiel Börsen, bestehen, ist vergleichsweise einfacher als für spezifische Sicherheiten, welche auf die Bedürfnisse des Kreditnehmers zugeschnitten sind. Ist durch eine Spezialisierung die Drittverwendungsmöglichkeit nicht gegeben, so kann eine isolierte Verwertung der Sicherheit nicht erfolgen. Im Zweifelsfall ist der Sicherheit kein Wert beizumessen. Die Frage der **Abhängigkeit bzw. Unabhängigkeit** zwischen der Sicherheit und dem Sicherheitengeber ist ein Aspekt, der zwar erst im Verwertungsfall Auswirkungen hat, jedoch vorab schon berücksichtigt werden sollte. Hierbei geht es darum, ob eine Verwertung mit oder ohne Mitwirken des Sicherungsgebers notwendig ist. Beispielsweise kann hier die Sicherungsübereignung angeführt werden, bei der die tatsächliche Gewalt über die Sicherheiten beim Sicherungsgeber liegt und somit der Sicherungsnehmer in Bezug auf die Existenz oder den Zustand der Sicherheit auf diesen angewiesen ist. Der vierte zu berücksichtigende Faktor ist die **Wirtschaftlichkeit** der Sicherheitenverwaltung. Sollte die Höhe der Verwaltungskosten wirtschaftlich unverhältnismäßig groß sein, zum Beispiel durch regelmäßige Kontrollen oder Besichtigungen des Vermögensgegenstandes, so hat dies einen erheblichen Einfluss auf die Bewertung der jeweiligen Sicherheit.[40]

---

[39] Vgl. *Bundesverband der Deutschen Volksbanken und Raiffeisenbanken e. V.,* Bewertung, 2006, S. 12.
[40] Vgl. *Bundesverband der Deutschen Volksbanken und Raiffeisenbanken e. V.,* Bewertung, 2006, S. 12.

2.2.3 Realisationswerte

Vom Realisationswert wird erst gesprochen, wenn die Verwertung einer Sicherheit in absehbarer Zukunft stattfinden soll. Der Realisationswert ergibt sich dann aus dem Marktwert im Verwertungszeitpunkt abzüglich noch anfallender Verwertungs- und Zinskosten.[41]

Abschließend soll ein Beispiel die Bewertung dinglicher Kreditsicherheiten verdeutlichen:

Ein in den USA ansässiges Kreditinstitut finanzierte einer Familie ein Einfamilienhaus im Wert von 1 Mio. USD. Der Beleihungswert entsprach zu diesem Zeitpunkt dem Marktwert und die Beleihungsgrenze wurde auf 95 Prozent vom Beleihungswert angesetzt. Nachdem die Immobilienblase in den USA im Frühling 2007 platzte, sank der Marktwert des Hauses durch die sinkende Nachfrage auf dem US-Immobilienmarkt um 20 Prozent. Da nun der Beleihungswert von 1 Mio. USD über dem Marktwert von 800.000 USD lag, musste das Kreditinstitut den Beleihungswert und somit auch die Beleihungsgrenze heruntersetzen. Da die Familie, wie so viele andere, anstatt den Kredit zu tilgen weitere Belastungen auf ihr Haus aufgenommen hatte und den Kredit noch in voller Höhe tilgen musste, verlangte die Bank für den nun unbesicherten Teil von 150.000 USD weitere Sicherheiten. Da die Familie keine Sicherheiten mehr stellen konnte, musste sie als Konsequenz daraus ihr Haus verkaufen um den Kredit in Höhe des Realisationswertes zu tilgen. Die Restschuld von 150.000 USD bleibt der Familie jedoch weiterhin bestehen.

---

[41] Vgl. *Bundesverband der Deutschen Volksbanken und Raiffeisenbanken e. V.,* Bewertung, 2006, S. 17.

3 Grundlagen der Eigenkapitalhinterlegungspflicht von Banken

Nachdem im vorherigen Abschnitt auf die dinglichen Kreditsicherheiten und ihre Bewertung eingegangen wurde, müssen zunächst einmal die Grundlagen der Eigenkapitalhinterlegungspflicht erläutert werden, um die Konsequenzen von Marktwertveränderungen auf das zu hinterlegende Eigenkapital von Banken aufzeigen zu können. Im ersten Teil dieses Kapitels wird aus diesem Grund auf den Baseler Ausschuss für Bankenaufsicht und die von ihm entwickelte Baseler Eigenkapitalvereinbarung, kurz Basel II, eingegangen. Darauf folgend wird im zweiten Teil auf das „Regulatorische Eigenkapital" eingegangen, welches als zu hinterlegendes Eigenkapital herangezogen werden darf.

3.1 Überblick über Basel II
3.1.1 Der Baseler Ausschuss für Bankenaufsicht
3.1.1.1 Gründung und Mitglieder

Der im Jahre 1974 gegründete "Ausschuss für Bankbestimmungen und -überwachung", mit Hauptsitz in der Bank für Internationalen Zahlungsausgleich (BIZ) in Basel, Schweiz, erhielt erst im Jahre 1989 den Namen des "Baseler Ausschuss für Bankenaufsicht". Der Ausschuss wurde von den G10-Länder Belgien, Deutschland, Frankreich, Italien, Japan, Kanada, Niederlande, Schweden, USA und Großbritannien sowie den zwei Ländern Schweiz und Luxemburg gegründet. Seit Februar 2001 ist auch Spanien im Baseler Ausschuss vertreten. An den Sitzungen des Baseler Ausschusses nehmen neben den Bankenaufsichtsbehörden und Vertretern der Zentralbanken der einzelnen Mitgliedsländer auch die Europäische Zentralbank und die Europäische Kommission als Beobachter teil.[42]

---

[42] Vgl. *Bieg, H./Krämer, G./Waschbusch, G.*, Bankenaufsicht, 2009, S. 303–304.

3.1.1.2 Zielsetzung und Tätigkeitsgebiete

Das oberste Ziel, welches der Baseler Ausschuss für Bankenaufsicht verfolgt, ist die Gewährleistung eines sicheren und stabilen internationalen Banken- und Finanzsystems. Zur Durchsetzung dieses Oberziels orientiert sich der Baseler Ausschuss an folgenden Unterzielen:

1. Qualitätsoptimierung und Erreichung eines besseren Verständnisses der Bankenaufsicht weltweit,
2. Eliminierung von Defiziten im internationalen Bankenaufsichtssystem.[43]

Zur Zielerreichung liegt eine der wichtigsten Aufgaben des Baseler Ausschusses in der Auseinandersetzung mit der Angemessenheit der Eigenmittelausstattung von Kreditinstituten. Des Weiteren werden bankenaufsichtsrechtliche Fragestellungen wie zum Beispiel die Beeinträchtigung des Bankenaufsichtsprozesses behandelt. Um trotz hoher Komplexität der zu behandelnden Themen optimale Ergebnisse erzielen zu können, setzten sich die Arbeitsgruppen des Baseler Ausschusses in der Regel aus internationalen Experten zusammen. Die Publikationen der Ergebnisse aus den jeweiligen Arbeitsgruppen besitzen keinen rechtsverbindlichen Charakter, sondern werden vielmehr als bankenaufsichtliche Standards, Richtlinien oder Best-Practice Empfehlungen betitelt. Der Baseler Ausschuss für Bankenaufsicht erwartet jedoch eine Umsetzung der erarbeiteten Bestimmungen ins nationale Banken-aufsichtsrecht seiner Mitgliedstaaten. Hierbei stellt die Einstimmigkeit von Beschlussfassungen im Baseler Ausschuss eine Umsetzung der Mitglieder weitestgehend sicher. Ein weiterer interessanter als auch wichtiger Aspekt liegt in der Integration der Baseler Vorgaben in nationales Recht von Nicht-mitgliedsstaaten. Diese Entwicklung scheint auf das hohe Ansehen des Baseler Ausschusses für Bankenaufsicht weltweit zurückzuführen zu sein.[44]

---

[43] Vgl. *Bieg, H./Krämer, G./Waschbusch, G.*, Bankenaufsicht, 2009, S. 307.
[44] Vgl. *Bieg, H./Krämer, G./Waschbusch, G.*, Bankenaufsicht, 2009, S. 308–309.

Neben den fachlichen Themen besteht eine weitere wesentliche Aufgabe des Baseler Ausschusses für Bankenaufsicht in der Förderung der Zusammenarbeit und Kommunikation unter den jeweiligen nationalen Bankenaufsichtsbehörden. Dies folgt aus dem Anliegen des Ausschusses eine effiziente, weltweit möglichst einheitliche Bankenaufsicht zu schaffen.[45] In der Praxis wird diese Aufgabe im Rahmen einer zweijährig stattfindenden „International Conference of Banking Supervisors" umgesetzt. Zum Erfolg, worunter unter anderem auch die Teilnahme von Nichtmitgliedsstaaten zählt, trägt die Zusammenarbeit zwischen dem Baseler Ausschuss mit anderen regionalen und überregionalen Zusammenschlüssen von Bankenaufsichtsbehörden von Nichtmitgliedsstaaten bei. Beispielhaft seien hier Afrika und Indien genannt.[46]

3.1.2 Überblick über die Baseler Eigenkapitalvereinbarung

Im vorigen Abschnitt wurde bereits die hohe Relevanz der Eigenmittelauslastung von Kreditinstituten dadurch begründet, dass sie im Aufgabenbereich des Baseler Ausschusses eine der zentralen Rollen einnimmt. Im Folgenden wird daher nun genauer auf die Baseler Eigenkapitalvereinbarung, welche mittlerweile als Basel II bezeichnet wird, eingegangen.

3.1.2.1 Zeitliche Entwicklung

In den 80er Jahren beschäftigte sich der Baseler Ausschuss für Bankenaufsicht zum ersten Mal mit der Konzeption einer alles übergreifenden Eigenkapitalvereinbarung, welche die angemessene Eigenkapitalausstattung international tätiger Kreditinstitute regeln sollte. Auslöser hierfür war das niedrige Eigenkapitalniveau der weltweit wichtigsten Kreditinstitute, was den Baseler Ausschuss zur Besorgnis veranlasste. Neben dem bereits erwähnten Oberziel der Sicherung und Stabilisierung des internationalen Banken- und Finanzsystems, stand hier gleichzeitig die Regulierung von Wettbewerbsnachteilen im Vordergrund, welche aus den unterschiedlichen

---

[45] Vgl. *Prümer, M.*, Rating-Leitfaden, 2003, S. 13.
[46] Vgl. *Bieg, H./Krämer, G./Waschbusch, G.*, Bankenaufsicht, 2009, S. 309–310.

Eigenkapitalanforderungen der einzelnen Staaten resultierten. Die Ergebnisse dieser Arbeit publizierte der Baseler Ausschuss für Bankenaufsicht im Sommer 1988 in der "Internationalen Konvergenz der Eigenkapitalmessung und Eigenkapitalanforderungen" kurz "Basel I", welche Ende 1992 in Kraft trat.[47] Der Grundgedanke von Basel I bestand in der Verknüpfung von Kreditrisiken mit dem Eigenkapital. Somit ergab sich die 8-prozentige Eigenkapitalhinterlegungspflicht, welche als Risikopuffer für Kreditausfälle dienen sollte.[48]

Die Entwicklung der Volkswirtschaften weltweit und die im Rahmen der Globalisierung gestiegene gegenseitige Verbundenheit bzw. Abhängigkeit, entwickelte sich in den letzten Jahrzehnten stetig fort, so dass der Baseler Ausschuss in Folge dessen 1999 die Überarbeitung von Basel I veranlasste.[49] Neben der Globalisierung lagen die Gründe für die Notwendigkeit einer Reform von Basel I in der geänderten Struktur der Kreditwirtschaft sowie der ständigen Entwicklung neuer Kapitalmarktinstrumente, wie zum Beispiel den Kreditderivaten.[50] Des Weiteren standen auch die Berücksichtigung unterschiedlicher Kreditnehmergruppen sowie deren individuelle Bonitäten im Vordergrund der Überarbeitung. Eine große Schwäche von Basel I lag in der Ermittlung des notwendigen Eigenkapitals, da durch die Konzentration auf das Kreditgeschäft lediglich ein einziges Risikomaß gegeben war und die Eigenkapitalermittlung dadurch nur sehr grob und nicht vollständig möglich war. Es bestand somit lediglich eine quantitative Bindung zwischen Kredit und Eigenkapital. Abschließend kam noch der Aspekt hinzu, dass ausreichend Eigenkapital allein nicht ausreichte, um möglichen Risiken vorzubeugen. Vielmehr bedurfte es auch einem Management, welches in der Lage ist Risiken frühzeitig zu erkennen und sie entsprechend zu managen.[51]

---

[47] Vgl. *Bieg, H./Krämer, G./Waschbusch, G.,* Bankenaufsicht, 2009, S. 311.
[48] Vgl. *Prümer, M.,* Rating-Leitfaden, 2003, S. 15.
[49] Vgl. *Prümer, M.,* Rating-Leitfaden, 2003, S. 13–15.
[50] Vgl. *Peterl, F.,* Risikomanagement bei Banken, 2003, S. 168.
[51] Vgl. *Prümer, M.,* Rating-Leitfaden, 2003, S. 14–15.

Aus den eben genannten Gründen wurde am 26. Juni 2004 die neue Eigenkapitalvereinbarung für Kreditinstitute (Basel II) verabschiedet.[52] Im Sommer 2005 wurde Basel II um Handelsbuchaspekte und die Behandlung des Doppelausfallrisikos bei Garantien ergänzt und trat Ende 2006 in Kraft.[53]

3.1.2.2 Grundstruktur von Basel II

Die Grundstruktur von Basel II ist durch drei sich ergänzenden Säulen (siehe Abb. 3) gekennzeichnet. Im Vergleich zu Basel I wurde dieser Ansatz um die zweite und dritte Säule ergänzt.[54]

Abbildung 3: Die drei Säulen von Basel II
Quelle: In Anlehnung an *Bieg, H./Krämer, G./Waschbusch, G.*, Bankenaufsicht, 2004, S. 325.

Die **Säule 1** definiert die Mindestkapitalanforderungen über die ein Kreditinstitut verfügen muss, um das der Kreditvergabe gegenüberstehende Risiko abdecken zu können.[55] Es handelt sich hierbei um die Abdeckung von Kredit-, Markt- und

---

[52] Vgl. *Hofmann, B./Pluto, K.*, Neuen Eigenmittelempfehlungen, in: Neupel, J., Bankcontrolling, 2005, S. 242.
[53] Vgl. *Deutsche Bundesbank,* Eigenkapitalvereinbarung, http://www.bundesbank.de (26.06.2009 10:49 MEZ).
[54] Vgl. *Deutsche Bundesbank,* Eigenkapitalvereinbarung, http://www.bundesbank.de (26.06.2009 10:49 MEZ).
[55] Vgl. *Bieg, H./Krämer, G./Waschbusch, G.,* Bankenaufsicht, 2009, S. 324.

operationellen Risiken.[56] Im Vergleich zu Basel I führt Basel II zu einer Absenkung des Eigenkapitalpuffers durch die Möglichkeit der Kreditrisikominderung durch Sicherheitenanrechnung. Gleichzeitig werden allerdings zusätzliche Eigenkapitalanforderungen für das Markt- und operationelle Risiko gefordert.[57]

Neben den quantitativen Eigenkapitalanforderungen der ersten Säule, stellt die **Säule 2** den qualitativen Teil dar. Hier geht es darum, das Gesamtrisiko eines Kreditinstitutes durch bankenaufsichtliche Überprüfungsverfahren (Supervisory Review Process (SRP)) zu kontrollieren und dadurch eine ständige Überwachung sowie Optimierung sicherzustellen.[58]

Säule 3 regelt die erweiterten Offenlegungspflichten, welche bei den Marktteilnehmern zu mehr Transparenz über das Risikobewusstseins von Banken führen sollen. Hierbei wird angenommen, dass gut informierte Marktteilnehmer das risikobewusste Verhalten eines Institutes positiv in ihren Anlage- und Kreditentscheidungen berücksichtigen und risikoreicheres Verhalten sich entsprechend negativ auf die Entscheidungen der Marktteilnehmer auswirkt. Von dieser Grundlage ausgehend geben diese erweiterten Offenlegungspflichten den Kreditinstituten einen zusätzlichen Anreiz ihre Risiken zu kontrollieren und entsprechend zu differenzieren. Die Transparenzvorschriften beziehen sich auf die Anwendung der Eigenkapitalvorschriften, die Ausstattung und Struktur des Eigenkapitals sowie die quantitative und qualitative Darstellung des eingegangenen Risikos.[59]

---

[56] Vgl. *Deutsche Bundesbank,* Eigenkapitalvereinbarung, http://www.bundesbank.de (26.06.2009 10:49 MEZ).
[57] Vgl. *Peterl, F.,* Risikomanagement bei Banken, 2003, S. 169.
[58] Vgl. *Deutsche Bundesbank,* Eigenkapitalvereinbarung, http://www.bundesbank.de (26.06.2009 10:49 MEZ).
[59] Vgl. *Deutsche Bundesbank,* Säule 3, http://www.bundesbank.de (07.08.2009 11:00 MEZ).

3.1.2.3 Umsetzung von Basel II in europäisches und deutsches Recht

Die Umsetzung von Basel II in europäisches Recht erfolgte im Juni 2006 durch die Veröffentlichungen der Bankenrichtlinie (2006/48/EG, Capital Requirement Directive, CRD) und der Kapitaladäquanz-richtlinie (2006/49/EG, Capital Adequacy Directive, CAD).[60]

„Seit dem 1. Januar 2008 gelten in Deutschland - wie in allen anderen EU-Ländern, der Schweiz und Japan - die neuen Baseler Regelungen für alle Kreditinstitute."[61] Die Mindestkapitalanforderungen der ersten Säule von Basel II wurden vorwiegend im Rahmen der im Dezember 2005 veröffentlichten Solvabilitätsverordnung (SolvV) sowie durch Änderungen im Kreditwesengesetz (KWG) und der Großkredit- und Millionenkreditverordnung umgesetzt.[62] Die ebenfalls Ende des Jahres 2005 veröffentlichten „Mindestanforderungen an das Risikomanagement" (MaRisk) stellen die zentrale Umsetzung der „Bankenaufsichtlichen Überprüfungsverfahren", also der Säule 2, dar.[63] Die in der Säule 3 festgelegten Offenlegungspflichten wurden, wie die Säule 1, größtenteils in der Solvabilitätsverordnung verankert.[64]

Da im Rahmen dieses Buches die Eigenkapitalhinterlegungspflicht von Kreditinstituten im Vordergrund steht, wird im weiteren Verlauf der Fokus auf die Säule 1 gelegt und auf weitere Ausführungen der Säulen 2 und 3 verzichtet. Im Folgenden wird auf das „Regulatorische Eigenkapital" eingegangen, welches zur Unterlegung der unter Säule 1 genannten bankbetrieblichen Risiken dient.

---

[60] Vgl. *Deutsche Bundesbank,* Eigenkapitalvereinbarung, http://www.bundesbank.de (26.06.2009 10:49 MEZ).
[61] *Deutsche Bundesbank,* Baseler Regelwerk, in: Monatsberichte der Deutschen Bundesbank, http://www.bundesbank.de (19.06.2009 16:51 MEZ) S. 60.
[62] Vgl. *Meusel, S. G.,* Die MaRisk, in: Becker, A./Gruber, W./Wohlert, D., MaRisk, 2006, S. 52.
[63] Vgl. *Meusel, S. G.,* Die MaRisk, in: Becker, A./Gruber, W./Wohlert, D., MaRisk, 2006, S. 50.
[64] Vgl. *Deutsche Bundesbank,* Eigenkapitalvereinbarung, http://www.bundesbank.de (26.06.2009 10:49 MEZ).

3.2 Regulatorisches Eigenkapital

Als „Regulatorisches Eigenkapital" werden die anrechenbaren Eigenmittel eines Instituts bezeichnet. Gemäß § 10 KWG ergeben sich die anrechenbaren Eigenmittel aus der Summe des „Haftenden Eigenkapitals" und den Drittrangmitteln, wobei sich das „Haftende Eigenkapital" wiederum aus dem Kern-kapital und dem Ergänzungskapital zusammensetzt.[65] Die Eigenmittel können somit als Maßgröße für das Verlustdeckungspotenzial eines Instituts angesehen werden.[66]

3.2.1 Haftendes Eigenkapital
3.2.1.1 Kernkapital

Das Kernkapital bildet im Rahmen des haftenden Eigenkapitals die Basis der Eigenmittel. Diese so genannten Eigenmittel „erster Güte" begrenzen die Höhe des Ergänzungskapitals und bestimmen zudem den anzuerkennenden Umfang der Drittrangmittel. In Abhängigkeit von der jeweiligen Rechtsform eines Institutes ergibt sich das Kernkapital gemäß § 10 Abs. 2a KWG wie folgt:[67]

„Dauerhaft eingezahltes Kapital ohne Vorzugsaktien

+ Rücklagen

+ Sonderposten für allgemeine Bankrisiken

+ stille Vermögenseinlagen

+ / - Reingewinne bzw. Verluste aus turnusmäßigen Zwischenabschlüssen

./. etwaiger Bilanzverlust

./. Korrekturposten

./. bilanzierte immaterielle Vermögensgegenstände

./. marktunübliche Kredite an über 25 %ige Anteilseigner bzw. Stimmrechtsinhaber oder an gleichgestellte stille Gesellschafter"[68]

---

[65] Vgl. *Reichling, P./Bietke, D./Henne, A.*, Risikomanagement und Rating, 2007, S. 23.
[66] Vgl. *Bellavite-Hövermann, Y. u. a.*, Eigenmittel und Liquidität, 2001, S. 38.
[67] Vgl. *Bellavite-Hövermann, Y. u. a.*, Eigenmittel und Liquidität, 2001, S. 38.
[68] *Nirk, R./Stehle, P.*, Kreditwesengesetz, 2003, S. 70.

3.2.1.2 Ergänzungskapital

Neben dem Kernkapital stellt das Ergänzungskapital den zweiten Bestandteil des haftenden Eigenkapitals dar. Hierbei ist die Höhe des Ergänzungskapitals auf die des Kernkapitals begrenzt.[69] Übersteigt das Ergänzungskapital das Kernkapital, so können diese so genannten Kappungsbeträge im Rahmen der bestehenden Grenzen bei den Drittrangmitteln angesetzt werden.[70] Die Berechnung des Ergänzungskapitals ergibt sich gemäß KWG wie folgt:

„ausgegebene Vorzugsaktien

+ Genussrechtskapital

+ stille Vorsorgereserven nach § 340 f. HGB

+ 45 % der § 6b EstG-Immobilien-Rücklagen

+ nicht realisierte Gewinnreserven

./. Korrekturposten

= *Ergänzungskapital erster Klasse*

+ längerfristige nachrangige Verbindlichkeiten

+ Haftsummenzuschlag

= *Ergänzungskapital zweiter Klasse*

= *Ergänzungskapital*"[71]

Eine weitere Einschränkung liegt in der Höhe der längerfristigen nachrangigen Verbindlichkeiten und des Haftsummenzuschlags, die zusammen das Ergänzungskapital zweiter Klasse bilden. Dieser Teil darf per Gesetz nur 50 Prozent des Kernkapitals ausmachen, wobei auch hier die darüber hinausgehenden Beträge bei den Drittrangmitteln im Rahmen der bestehenden Grenzen angerechnet werden können.[72]

---

[69] Vgl. *Reichling, P./Bietke, D./Henne, A.*, Risikomanagement und Rating, 2007, S. 24.
[70] Vgl. *Bellavite-Hövermann, Y. u. a.*, Eigenmittel und Liquidität, 2001, S. 67–68.
[71] *Nirk, R./Stehle, P.*, Kreditwesengesetz, 2003, S. 73.
[72] Vgl. *Bellavite-Hövermann, Y. u. a.*, Eigenmittel und Liquidität, 2001, S. 67–68.

3.2.2 Drittrangmittel

Den letzten Bestandteil des regulatorischen Eigenkapitals bilden die so genannten Drittrangmittel aus der Summe der kurzfristigen nachrangigen Verbindlichkeiten, dem Nettogewinn und den gekappten Ergänzungskapitalbeträgen. Die Drittrangmittel dürfen in der Summe mit dem freien Ergänzungskapital, also den Kappungsbeträgen, zusammen nicht mehr als das 2,5fache des freien Kernkapitals ausmachen.[73] Das freie Kern- bzw. Ergänzungskapital spiegelt hierbei den Teil des Kapitals wider, der nicht zur Unterlegung der Risiken benötigt wird.[74]

3.2.3 Zuordnung der Eigenmittel zu den Risikoarten

Gemäß der Solvabilitätsverordnung sind für das Kredit-, Markt- und operationelle Risiko angemessene Eigenmittel von Kreditinstituten zu hinterlegen.[75] Hierbei ist für die Unterlegung von Kredit- und operationellem Risiko das haftende Eigenkapital vorgesehen, wobei zur Unterlegung der operationellen Risiken nur dasjenige haftende Eigenkapital eines Instituts herangezogen werden darf, das nicht bereits zur Unterlegung des Kreditrisikos verwendet worden ist.[76] Für die Marktrisiken hingegen stehen die Drittrangmittel zur Verfügung. Die erforderliche Gesamteigenmittelquote darf dabei einen Prozentsatz von acht nicht unterschreiten.[77]

---

[73] Vgl. *Reichling, P./Bietke, D./Henne, A.*, Risikomanagement und Rating, 2007, S. 25.
[74] Vgl. *Deutsche Bundesbank*, Grundsatz I, http://www.bundesbank.de (02.07.2009 15:28 MEZ) S. 29.
[75] Vgl. *Bundesministerium der Finanzen*, SolvV, 2007, S. 1–2.
[76] Vgl. *Bieg, H./Krämer, G./Waschbusch, G.*, Bankenaufsicht, 2009, S. 326–327.
[77] Vgl. *Deutsche Bundesbank*, Solvabilität, http://www.bundesbank.de (30.06.2009 12:33 MEZ).

4 Bankbetriebliche Risiken und deren Messverfahren

Im vorangegangenen Abschnitt wurde bereits erwähnt, dass die Eigenkapitalanforderungen der Säule 1 für das Kredit-, Markt- und operationelle Risiko Anwendung finden und welche Eigenmittel zu deren Unterlegung herangezogen werden. Es besteht somit eine direkte Abhängigkeit zwischen der Höhe des Risikos und der Eigenkapitalhinterlegungpflicht von Banken. Aus diesem Grunde beschäftigt sich dieses Kapitel mit den drei Risikoarten und deren Messverfahren.

4.1 Kreditrisiko

Das Kreditrisiko beschreibt die Wahrscheinlichkeit des Kreditausfalls, also einer Verschlechterung der Bonität des Schuldners. Aus diesem Grund wird in der Literatur häufig auch vom Adressausfallrisiko gesprochen.[78]

4.1.1 Risikogewichtete Aktiva

Für die Bestimmung der Eigenkapitalanforderungen des Kreditrisikos wird die so genannte „Risikogewichtete Aktiva" (RWA) benötigt. Die RWA ergibt sich dabei aus der Multiplikation des Risikogewichts mit dem Exposure at Default (EaD), der erwarteten Höhe der Forderung zum Zeitpunkt des Ausfalles.[79] Am Ende darf das haftende Eigenkapital (hEK) im Verhältnis zu den risikogewichteten Aktiva nicht weniger als acht Prozent betragen (siehe Abb. 4).[80]

$$\frac{hEK}{RWA} \geq 8\%$$

hEK = haftendes Eigenkapital
RWA = gewichtete Risikoaktiva

Abbildung 4: Solvabilitätskoeffizient
Quelle: In Anlehnung an *Bieg, H./Krämer, G./Waschbusch, G.*, Bankenaufsicht, 2004, S. 326.

---

[78] Vgl. *Peterl, F.*, Risikomanagement bei Banken, 2003, S. 16.
[79] Vgl. *Fachhochschule des bfi Wien GmbH*, Risikogewichtete Aktiva, http://basel2.fh-vie.at (01.07.2009 16:44 MEZ).
[80] Vgl. *Paul, S.*, Überblick, in: Hofmann, G., Basel II und MaRisk, 2007, S. 11.

Obiger Quotient veranschaulicht den Tatbestand, dass Kreditinstitute bei gleich bleibender Hinterlegungspflicht von acht Prozent, das ihnen zur Verfügung stehende haftende Eigenkapital nur erhöhen, also eine Minderung des zu hinterlegenden Eigenkapitals hervorrufen können, wenn die Möglichkeit einer Senkung der risikogewichteten Aktiva besteht.[81]

Die Gesamteigenmittelquote für alle drei Risikoarten ergibt sich auf Grund der achtprozentigen Eigenkapitalhinterlegung für die RWA wie folgt:[82]

$$\frac{\text{anrechenbare Eigenmittel}}{\text{RWA} + (12{,}5 \times \text{Anrechnungsbeträge für Marktrisiken und operationelles Risiko})} \geq 8\%$$

Abbildung 5: Gesamteigenmittelquote
Quelle: In Anlehnung an *Wolf, M.*, Überblick Basel II, in: Becker, A. et al. (Hrsg.), Handbuch Basel II, 2005, S. 12.

Die Multiplikation der Anrechnungsbeträge für Markt- und operationelle Risiken mit dem Faktor 12,5 ist notwendig, da hier im Vergleich zum Kreditrisiko keine achtprozentige Eigenkapitalhinterlegungspflicht vorgeschrieben ist. Folgende Herleitung soll dies deutlich machen:

$$\frac{\text{aEM}}{\text{RWA} + (12{,}5 \times \text{RisikoMaOp})} \geq 8\% \quad \Big| \quad \times 100/8 \ (=12{,}5)$$

$$\frac{\text{aEM}}{\text{RWA}} \times 12{,}5 + \frac{\text{aEM}}{12{,}5 \times \text{RisikoMaOp}} \times 12{,}5 \geq 1$$

$$\frac{\text{aEM}}{\text{RWA}} : 8/100 + \frac{\text{aEM}}{\text{RisikoMaOp}} \geq 1$$

$$\frac{\text{aEM}}{0{,}08 \times \text{RWA} + \text{RisikoMaOp}} \geq 1$$

aEM = anrechenbare Eigenmittel
RisikoMaOp = Anrechnungsbeträge für Markt- und operationelle Risiken

Abbildung 6: Erläuterungen Gesamteigenmittelquote
Quelle: Eigene Herleitung alternativer Gesamteigenmittelquote.

---

[81] Vgl. *Fachhochschule des bfi Wien GmbH*, Risikogewichtete Aktiva, http://basel2.fh-vie.at (01.07.2009 16:44 MEZ).
[82] Vgl. *Reichling, P./Bietke, D./Henne, A.*, Risikomanagement und Rating, 2007, S. 26.

Abbildung 6 verdeutlicht, dass die anrechenbaren Eigenmittel mindestens der Höhe von acht Prozent der RWA plus der Anrechnungsbeträge für das Markt- und operationelle Risiko ausmachen müssen. Die Eigenmittelanforderung richtet sich somit immer nach der Höhe des Risikos, d.h. je höher das Risiko desto höher ist auch die Eigenkapitalhinterlegungspflicht.

Die folgende Abbildung 7 gibt einen Überblick über die drei Risikoarten und die jeweiligen von den Instituten wählbaren Messverfahren.

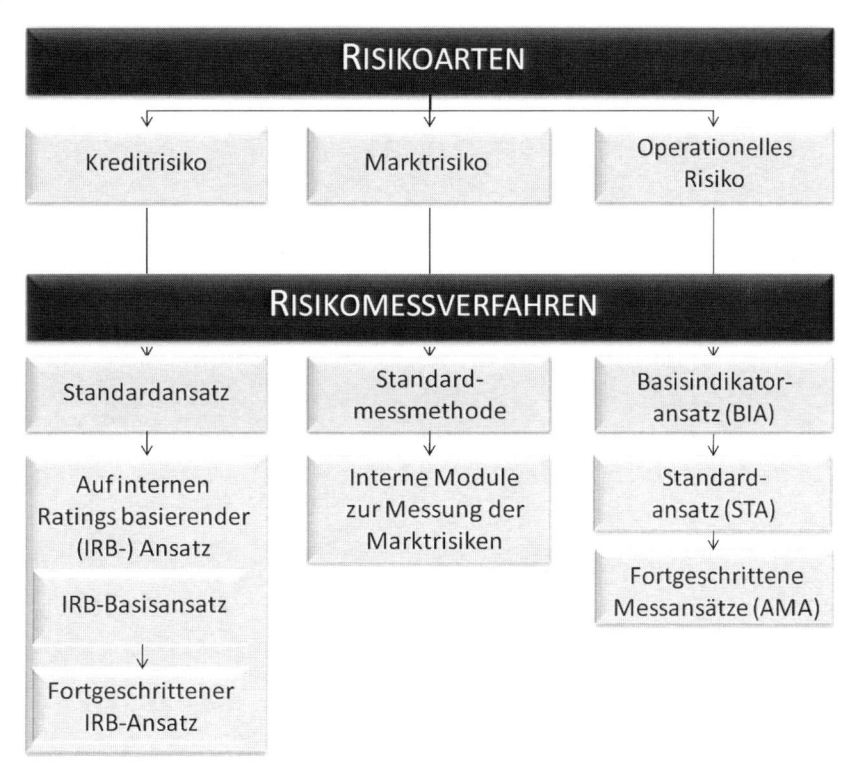

Abbildung 7: Risikoarten und -messverfahren gemäß Basel II
Quelle: In Anlehnung an *Reichling, P./Bietke, D./Henne, A.*, Risikomanagement und Rating, 2007, S. 27.

Auffällig ist, dass neben einem Standardansatz jeweils auch fortgeschrittenere, also genauere Messverfahren existieren, welche tendenziell zu Entlastungen der Eigenmittelanforderungen führen. Diese Entlastungen sollen Kreditinstituten einen Anreiz bieten, ihre Risikomesssysteme sukzessive weiterzuentwickeln.[83]

---

[83] Vgl. *Reichling, P./Bietke, D./Henne, A.*, Risikomanagement und Rating, 2007, S. 27.

4.1.2 Kreditrisikomessverfahren

Im Rahmen der Ermittlung einer angemessenen Eigenkapitaldeckung des Kreditrisikos bzw. Adressausfallrisikos bietet die Solvabilitätsverordnung zwei alternative Ansätze: Den Standardansatz und die auf internen Ratings basierenden Ansätze (Internal Rating Based Approach, IRBA), den IRB-Basisansatz und den fortgeschrittenen IRB-Ansatz.[84] Die Erweiterung der Risikomessverfahren um die IRB-Ansätze ist erst im Zuge von Basel II entstanden und stellt somit die bedeutendste Änderung in der SolvV dar. Diese Bestimmungen der SolvV gelten grundsätzlich seit dem 1. Januar 2007, wobei der fortgeschrittene IRB-Ansatz erst seit dem 1. Januar 2008 angewendet werden darf.[85] Abbildung 8 stellt diese drei Ansätze eingestuft in deren Risikosensitivität und Komplexität dar.

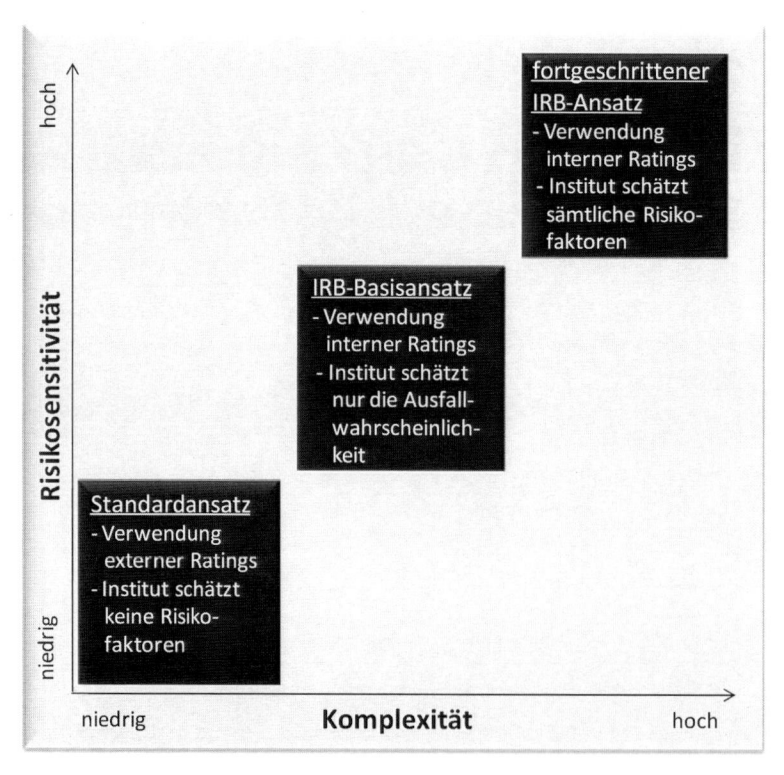

Abbildung 8: Komplexität und Risikosensitivität des KST und der IRB-Ansätze
Quelle: In Anlehnung an *Bieg, H./Krämer, G./Waschbusch, G.*, Bankenaufsicht, 2004, S. 339.

---

[84] Vgl. *Deutsche Bundesbank*, Adressrisikopositionen, http://www.bundesbank.de (30.06.2009 12:58 MEZ).
[85] Vgl. *Schulte-Mattler, H.*, Rating im Kreditrisikobereich, in: Die Bank, Nr. 8, 2007, S. 59.

Der wesentliche Unterschied zwischen dem Standardansatz und den beiden IRB-Ansätzen liegt darin, dass bei dem Standardansatz externe Ratings für die Findung des Risikogewichtes herangezogen werden, während bei den IRB-Ansätzen hierfür institutseigene Ratings durchzuführen sind. Des Weiteren ermöglichen es nur die Messansätze des Kreditrisikos, im Rahmen von Kreditrisikominderungstechniken Kreditsicherheiten anzurechnen. Gegenüber dem Standardansatz steht IRBA-Instituten ein nochmals erweiterter Kreis von berücksichtigungsfähigen Sicherheiten zur Verfügung.[86]

Da im Rahmen dieses Buches die Anrechenbarkeit von Kreditsicherheiten, also die Minderung des Kreditrisikos und somit der Eigenkapitalunterlegungspflicht, elementar ist, werden im Gegensatz zum Markt- und operationellen Risiko, beim Kreditrisiko weiterführende Ausführungen zu den oben gezeigten Messansätzen gemacht.

4.1.2.1 Standardansatz

Im Rahmen des Standardansatzes wird gemäß Basel II für die Bestimmung der Risikogewichtung von Kreditrisikopositionen auf die Bonitätsbeurteilungen externer, von der nationalen Bankenaufsicht anerkannter Ratingagenturen zurückgegriffen.[87] Unter die anerkannten Ratingagenturen gemäß § 52 und § 53 SolvV fallen Fitch Ratings, Moody's, DBRS, Standard & Poor's sowie Japan Credit Rating Agency (JCRA).[88] Voraussetzung für einen reibungslosen Einsatz dieses Messansatzes ist somit eine flächen-deckende Existenz bewerteter Kreditnehmerklassen. Im Gegensatz zum US-amerikanischen Raum fehlt es jedoch in Europa bei vielen, insbesondere kleinen und mittelständischen Unternehmen, an dieser Bewertung.[89] Aus diesem Grunde besteht für unbewertete Kreditnehmer sowie für bestimmte Bereiche, zum Beispiel den des Retail-Geschäfts, eine feste Zuordnung des Risikogewichtes.[90] Eine Alternative

---

[86] Vgl. *Bundesanstalt für Finanzdienstleistungsaufsicht,* Adressrisiken, http://www.bafin.de (30.06.2009 14:54 MEZ).
[87] Vgl. *Bundesanstalt für Finanzdienstleistungsaufsicht,* Adressrisiken, http://www.bafin.de (30.06.2009 14:54 MEZ).
[88] Vgl. *Deutsche Bundesbank,* Externes Rating, http://www.bundesbank.de (08.07.2009 16:41 MEZ).
[89] Vgl. *Wilkens, M./Baule, R./Entrop, O.,* Erfassung Kreditrisikos, in: Hofmann, G., Basel II und MaRisk, 2007, S. 73.
[90] Vgl. *Deutsche Bundesbank,* Adressrisikopositionen, http://www.bundesbank.de (30.06.2009 12:58 MEZ).

zur Anwendung externer Ratings wäre der Aufbau eines auf internen Ratings basierenden (IRB) Systems. Die Anwendung der IRB-Ansätze ist jedoch genehmigungspflichtig und somit ist jedes Institut, das diesen Ansatz nicht anwendet oder anwenden darf, dazu verpflichtet, die Kreditrisikounterlegung nach dem Standardansatz zu ermitteln.[91]

Wie bereits im vorherigen Abschnitt erwähnt, ergibt sich die Eigenkapitalunterlegung aus der Höhe der RWA, wobei sich diese wiederum aus der Multiplikation des Risikogewichtes mit dem EaD zusammensetzt. Für den EaD ist als Bemessungsgrundlage der Buchwert der jeweiligen Forderung anzusetzen, wobei bereits gebildete Einzelwertberichtigungen hiervon subtrahiert werden dürfen. Da der Baseler Ausschuss für die Festlegung der Bonitätsurteile beispielhaft die Notation von Standard & Poor´s verwendet, wird diese im Folgenden zur Verdeutlichung der Risikogewichtsermittlung im Standardansatz aufgegriffen. Bei der Risikogewichtsermittlung findet eine Segmentierung in **Kreditnehmerklassen** sowie eine weitere Einteilung nach **Ratingklassen** statt.[92] Bei den Kreditnehmern werden folgende 13 Klassen unterschieden:

„1. Forderungen an Staaten

2. Forderungen an sonstige öffentliche Stellen (Public Sector Entities, PSEs)

3. Forderungen an multilaterale Entwicklungsbanken (Multilateral Development Banks, MDBs)

4. Forderungen an Banken

5. Forderungen an Wertpapierhäuser

6. Forderungen an Wirtschaftsunternehmen

7. Kredite, die dem aufsichtlichen Retail-Portfolio zugeordnet werden

8. Durch Wohnimmobilien besicherte Forderungen

9. Durch gewerbliche Immobilien besicherte Forderungen

10. Kredite in Verzug

11. Forderungen mit höherem Risiko

12. Andere Vermögenswerte

---

[91] Vgl. *Klement, J.*, Kreditrisikohandel, 2007, S. 177–178.
[92] Vgl. *Klement, J.*, Kreditrisikohandel, 2007, S. 178–190.

13. Außerbilanzielle Positionen"[93]

Die Ratingklassen von S&P werden in folgender Tabelle 1 veranschaulicht.

Tabelle 1: Ratingklassen von S&P

Ratingklasse S&P	Beschreibung
AAA	Sehr gut: Höchste Bonität; nahezu kein Ausfallrisiko
AA+ AA AA-	Sehr gut bis gut: Hohe Zahlungswahrscheinlichkeit; geringes Ausfallrisiko
A+ A A-	Gut bis befriedigend: Angemessene Deckung von Zins und Tilgung; Risikoelemente vorhanden, die sich bei Veränderung des wirtschaftlichen Umfelds negativ auswirken
BBB+ BBB BBB-	Befriedigend: Angemessene Deckung von Zins und Tilgung; spekulative Elemente oder mangelnder Schutz gegen Veränderungen des wirtschaftlichen Umfelds vorhanden
BB+ BB BB-	Ausreichend: Mäßige Deckung von Zins und Tilgung (auch in einem guten wirtschaftlichen Umfeld)
B+ B B-	Mangelhaft: Geringe Deckung von Zins und Tilgung
CCC CC	Ungenügend: Niedrigste Qualität; akute Gefahr des Zahlungsverzugs
SD/D	Zahlungsunfähig: In Zahlungsverzug

Quelle: In Anlehnung an *Reichling, P./Bietke, D./Henne, A.*, Risikomanagement und Rating, 2007, S. 68.

Die eigentliche Zuteilung des Risikogewichts steht also in direkter Abhängigkeit zur Kreditnehmer- und Ratingklasse. Dabei findet eine Staffelung des Risikogewichts in die Stufen 0 %, 20 %, 50 %, 100 % und 150 % statt.[94] Hierbei steht ein Prozentsatz von unter 100 für ein Kreditengagement mit geringerer Risikoeinschätzung wohingegen ein Prozentsatz größer 100 bei risikobehafteten Engagement angegeben wird.[95]

---

[93] *Bank of International Settlements,* Mindestkapitalanforderungen, http://www.bis.org (09.07.2009 13:15 MEZ).
[94] Vgl. *Wolf, M.,* Überblick Basel II, in: Becker, A./Gaulke, M./Wolf, M., Handbuch Basel II, 2005, S. 12–13.
[95] Vgl. *Reichling, P./Bietke, D./Henne, A.,* Risikomanagement und Rating, 2007, S. 26.

Folgende Tabelle 2 zeigt am Beispiel der Kreditnehmerklassen Staat, Banken, Wirtschaftsunternehmen und Retail die Zuordnung des Risikogewichtes zu den jeweiligen Ratingklassen.

Tabelle 2: Risk weight under the Standardized Approach of Basel II

Risk weights under the Standardized Approach of Basel II							
Exposures		Credit assessment					
		AAA to AA-	A+ to A-	BBB+ to BBB-	BB+ to B-	Below B-	Unrated
Claims on sovereigns		0 %	20 %	50 %	100 %	150 %	100 %
Banks	Option 1[1]	20 %	50 %	100 %	100 %	150 %	100 %
	Option 2[2]	20 % (20 %)[3]	50 % (20 %)[3]	50 % (20 %)[3]	100 % (50 %)[3]	150 % (150 %)[3]	50 % (20 %)[3]
Claims on corporates		20 %	50 %	BBB+ to BB- 100 %		Below BB- 150 %	100 %
Retail exposures	Claims secured by residential property						35 %
	Claims secured by commercial real estate						75 %

[1] Under the first option, all banks incorporated in a given country will be assigned a risk weight one category less
  favourable than that assigned to claims on the sovereign of that country.
[2] The second option bases the risk weighting on the external credit assessment of the bank itself.
[3] A preferential risk weight that is one category more favourable may be applied to claims with an original maturity
  of three months or less.

Source: Basel Committee on Banking Supervision, June 2004

Quelle: In Anlehnung an *Financial Market Authority*, Risk weight, http://www.fma.gv.at (08.07.2009 11:19 MEZ).

Es ist deutlich zu erkennen, dass mit zunehmend schlechterem Rating das Risikogewicht ansteigt. Ausgenommen ist hierbei das Retail-Geschäft, welchem, wie bereits erwähnt, ein festes Risikogewicht zugeordnet wird.

Abschließend soll durch ein vereinfachtes Beispiel die Berechnung des zu unterlegenden Eigenkapitals im Standardansatz veranschaulicht werden:

Ein den Standardansatz anwendendes Kreditinstitut vergibt einen Kredit über 1 Mio. Euro an ein Wirtschaftsunternehmen mit dem Rating AAA. Es liegen keine Einzelwertberichtigungen vor, wodurch der Buchwert der Summe des Kreditbetrages entspricht. Die RWA ergibt sich somit aus der Multiplikation von 0,2 und 1 Mio. Euro. Die Eigenkapitalunterlegungspflicht des Kreditinstitutes entspricht demnach 8 Prozent von 200.000 Euro, also 16.000 Euro.

4.1.2.2 IRB-Ansätze

Neben dem Standardansatz stehen den Instituten mit den IRB-Ansätzen (IRBA- Internal Rating Based Approach) zwei weitere, jedoch wesentlich risikosensitivere Messverfahren zur Bestimmung des Kreditrisikos zur Verfügung.[96] Im Gegensatz zum Standardansatz, bei welchem für die Bestimmung des Risikogewichtes auf externe Einschätzungen zugegriffen wird, findet bei den IRB-Ansätzen eine ganze (fortgeschrittener IRB-Ansatz) oder teilweise (IRB-Basisansatz) interne Schätzung des Risikogewichtes statt.[97] Zur Bestimmung der Eigenkapitalunterlegung nach dem IRB-Ansatz benötigen die Institute für ihre internen Ratingsysteme eine Zulassung von der Bundesanstalt für Finanzdienstleistungsaufsicht (BaFin). Hierbei ist entscheidend, ob die in der SolvV niedergelegten quantitativen und qualitativen Mindestanforderungen erfüllt werden.[98] Nach erteilter Zulassung wird die BaFin im Rahmen der aufsichtlichen Überprüfungsprozesse gemäß Säule 2 in angemessenen Abständen die Einhaltung der

---

[96] Vgl. *Bundesanstalt für Finanzdienstleistungsaufsicht,* Adressrisiken, http://www.bafin.de (30.06.2009 14:54 MEZ).
[97] Vgl. *Wolf, M.,* Überblick Basel II, in: Becker, A./Gaulke, M./Wolf, M., Handbuch Basel II, 2005, S. 13.
[98] Vgl. *Deutsche Bundesbank,* Baseler Regelwerk, in: Monatsberichte der Deutschen Bundesbank, http://www.bundesbank.de (19.06.2009 16:51 MEZ) S. 61.

Mindestanforderungen prüfen und ggf. die Zulassung wieder entziehen, was als Konsequenz die Anwendung des Standardansatzes hätte.[99]

Ein geeignetes Ratingverfahren ist für Institute insofern von hoher Bedeutung, als dass die Höhe des Risikos, wie bereits dargestellt, direkten Einfluss auf die Eigenkapitalunterlegungspflicht hat. Während bei externen Ratings das Institut keinen Einfluss auf die Bonitätsbeurteilung hat, können interne Ratings an die bankspezifischen Erfordernisse angepasst sowie interne Informationen berücksichtigt werden.[100] Es sollte jedoch jedes Institut vorab prüfen, ob die Relation zwischen Zulassungsaufwand und Eigenkapitalentlastungseffekt wirtschaftlich ist.[101]

Vergleichbar mit dem Standardansatz werden auch bei beiden IRB-Ansätzen die Kreditnehmer in Klassen unterteilt. Folgende fünf Klassen, die sich zum Teil noch in differenziertere Subklassen aufteilen, werden unterschieden:

- Staaten und andere öffentliche Stellen,
- Banken,
- Unternehmen,
- Retail (= Privatkunden und kleine Gewerbebetriebe) und
- Unternehmensbeteiligungen.[102]

Dabei enthält beispielsweise die Kreditnehmerklasse „Unternehmen" die Unterkategorie „Spezialfinanzierungen", unter welche insbesondere Projekt- und Objektfinanzierungen fallen.

Für die Kreditnehmerklassen Staaten, Banken und Unternehmen findet eine einheitliche Berechnung des Risikogewichtes statt, welche im Folgenden erläutert wird. Anschließend wird auf die erheblich abweichenden Regelungen für die

---

[99] Vgl. *Wolf, M.*, Überblick Basel II, in: Becker, A./Gaulke, M./Wolf, M., Handbuch Basel II, 2005, S. 13.
[100] Vgl. *Reichling, P./Bietke, D./Henne, A.*, Risikomanagement und Rating, 2007, S. 83.
[101] Vgl. *Haun, M./Kaltofen, R. G.*, Pricing, in: Becker, A./Gehrmann, V./Schulte-Mattler, H., Ökonomisches Kapital,
    2008, S. 77.
[102] Vgl. *Wilkens, M./Baule, R./Entrop, O.*, Erfassung Kreditrisikos, in: Hofmann, G., Basel II und MaRisk, 2007, S. 74.

Ermittlung des Risikogewichtes der Klassen Retail und Unternehmensbeteiligungen sowie der Unterkategorie Spezialfinanzierungen eingegangen.[103]

Die Grundberechnung der risikogewichteten Aktiva (RWA) aus der Multiplikation des Risikogewichtes (RW) mit dem Kreditbetrag bei Ausfall (EaD) bleibt bestehen, wobei sich das Risikogewicht im IRB-Ansatz aus den zwei Komponenten Ausfallwahrscheinlichkeit (Probability of Default, PD) und der Verlustquote (Loss Given Default, LGD) zusammensetzt.[104] Es gilt somit folgende in Abbildung 9 dargestellte Formel:

$$RWA = PD \times LGD \times EaD$$

Abbildung 9: Berechnung RWA im IRB-Ansatz
Quelle: Eigene Abbildung.

Während beim IRB-Basisansatz lediglich Schätzungen über die Ausfallwahrscheinlichkeit (PD) von Forderungen an Staaten, Banken und Unternehmen durchgeführt werden, findet im Rahmen des fortgeschrittenen IRB-Ansatzes eine interne Schätzung aller Parameter statt.[105] Hierzu zählt neben den drei eben genannten Risikoparametern zudem die Restlaufzeit des jeweiligen Kredites (Maturity, M).[106] Bei der Kreditnehmerklasse Unternehmen wird zusätzlich der Parameter Unternehmensgröße (Size, S) in die Berechnung mit einbezogen. Bei einem Unternehmen, dessen Jahresumsatz zwischen fünf und 50 Mio. Euro liegt, erfolgt somit eine Senkung des Risikogewichtes, was eine Minderung der Eigenkapitalunterlegung von bis zu 20 Prozent gegenüber Krediten an größere Unternehmen zur Folge haben kann.[107]

---

[103] Vgl. *Wolf, M.,* Überblick Basel II, in: Becker, A./Gaulke, M./Wolf, M., Handbuch Basel II, 2005, S. 15–16.
[104] Vgl. *Wolf, M.,* Überblick Basel II, in: Becker, A./Gaulke, M./Wolf, M., Handbuch Basel II, 2005, S. 14.
[105] Vgl. *Deutsche Bundesbank,* Baseler Regelwerk, in: Monatsberichte der Deutschen Bundesbank, http://www.bundesbank.de (19.06.2009 16:51 MEZ) S. 60–61.
[106] Vgl. *Wilkens, M./Baule, R./Entrop, O.,* Erfassung Kreditrisikos, in: Hofmann, G., Basel II und MaRisk, 2007, S. 77.
[107] Vgl. *Wilkens, M./Baule, R./Entrop, O.,* Erfassung Kreditrisikos, in: Hofmann, G., Basel II und MaRisk, 2007, S. 77.

Tabelle 3 veranschaulicht die Berechnungen des Risikogewichtes für die Kreditnehmerklassen Staaten, Banken und Unternehmen in den beiden IRB-Ansätzen. Die Berechnungen der Risikogewichtungsfunktionen sind dem Anhang A zu entnehmen.

Tabelle 3: IRB-Ansatz für Staaten, Banken und Unternehmen

	Basisansatz	fortgeschrittener Ansatz
Risikokomponenten	PD, LGD, EAD, (M), S** (PD wird bankintern bestimmt)	PD, LGD, EAD, M*, S** (alle Parameter werden bankintern bestimmt)
Bestimmung von RW über eine Risikogewichtungsfunktion (vergleiche Tabelle 2)	RW = RW(PD, LGD, (M), S)	RW = RW(PD, LGD, M, S)
risikogewichtetes Aktivum (RWA)	RWA = RW x EAD	
risikogewichtete Aktiva einer Exposureklasse	= Σ RWA	

RW = Risikogewicht (Risk Weight)
RWA = (unterlegungspflichtiges) risikogewichtetes Aktivum (Risk Weighted Asset)
PD = 1-jährige Ausfallwahrscheinlichkeit (Probability of Default)
LGD = prozentualer Verlust bei Ausfall des Exposures (Loss Given Default)
EAD = Exposure bei Ausfall (Exposure at Default)
M = effektive (Rest-)Laufzeit des Exposures (Maturity)
S = Jahresumsatz als Indikator für die Größe des Unternehmens (Size)
* Die Aufsichtsbehörden können auf nationaler Ebene für inländische Unternehmen mit einem jährlichen Umsatz und einer Bilanzsumme von unter 500 Millionen Euro die Laufzeitanpassung generell aufheben.
** Der Jahresumsatz ist nur bei Unternehmensexposures relevant.

Quelle: *Wilkens, M./Baule, R./Entrop, O.*, IRB-Ansatz in Basel II, in:
Zeitschrift für das gesamte Kreditwesen, Nr. 14, 2004, S. 12.

Im Folgenden finden Ausführungen zu allen genannten Risikoparametern und deren Bestimmung im Basisansatz sowie im fortgeschrittenen Ansatz statt.

Die **Ausfallwahrscheinlichkeit (PD)** wird als Ein-Jahres-Ausfallwahrscheinlichkeit pro Kreditnehmerklasse entweder auf Basis historischer interner Ausfallraten, institutsübergreifender Daten, externer Daten oder statistischer Ausfallmodelle ermittelt. Hierbei ist Voraussetzung für die Akzeptanz der Datenquelle, dass deren Beobachtungsperioden mindestens fünf Jahre betragen.[108]

---

[108] Vgl. *Reichling, P./Bietke, D./Henne, A.*, Risikomanagement und Rating, 2007, S. 84.

Die **Verlustquote (LGD)** richtet sich grundsätzlich nach Art und Umfang der Kreditbesicherung. Im IRB-Basisansatz wird der LGD aufsichtlich mit 45 Prozent für unbesicherte Kredite vorgegeben. Dieser Wert wird bei besicherten Krediten entsprechend der vorhandenen Kreditsicherheiten nach einer aufsichtlich vorgegebenen Formel gemindert, welche im Kapitel 5 ausführlich erläutert wird. Der im fortgeschrittenen IRB-Ansatz geschätzte interne LGD beruht auf Erfahrungen über die Höhe der Deckungsquoten bzw. Erlösquoten aus der Sicherheitenverwertung im Falle eines Kreditausfalles. Die LGD-Schätzungen setzen somit die Feststellung von Erlösquoten von einzelnen Kredit- und Besicherungsarten voraus. Hierbei sind alle banküblichen Sicherungsmittel, wie in Kapital 2 dargestellt, für die instituteigenen LGD-Schätzungen zulässig.[109] Darüber hinaus scheint auch die Berücksichtigung der Möglichkeit einer höheren Ausfallquote in konjunkturell schlechten Zeiten durch so genannte Stressszenarien durchaus sinnvoll.[110]

Die **Kredithöhe bei Ausfall (EaD)** richtet sich nach dem Bilanzwert der jeweiligen Forderung ohne Abzug von Einzelwertberichtigungen oder Teilabschreibungen. Bei traditionellen außerbilanziellen Geschäften, wie zum Beispiel zugesagte Kreditlinien, finden EaD-Schätzungen ausgehend von Erfahrungen der Vergangenheit statt.[111]

Im IRB-Basisansatz wird die **Restlaufzeit (M)** für alle Kredite mit einheitlich 2,5 Jahren unterstellt, wodurch die tatsächliche Laufzeit des Aktivums keine Auswirkungen auf die aufsichtlichen Eigenkapitalanforderungen hat. Im fortgeschrittenen IRB-Ansatz hingegen hat die Restlaufzeit Einfluss auf die Höhe der Eigenkapitalunterlegungspflicht eines Institutes. Da die Eigenkapitalanforderungen in der Risikogewichtfunktion auf eine Restlaufzeit von 2,5 Jahren ausgerichtet sind, mindert (erhöht) sich ceteris paribus bei einer Restlaufzeit kleiner (größer) als 2,5 Jahre die aufsichtliche Eigenkapital-

---

[109] Vgl. *Wolf, M.,* Überblick Basel II, in: Becker, A./Gaulke, M./Wolf, M., Handbuch Basel II, 2005, S. 13–14.
[110] Vgl. *Wilkens, M./Baule, R./Entrop, O.,* Erfassung Kreditrisikos, in: Hofmann, G., Basel II und MaRisk, 2007, S. 78–79.
[111] Vgl. *Wolf, M.,* Überblick Basel II, in: Becker, A./Gaulke, M./Wolf, M., Handbuch Basel II, 2005, S. 13–14.

unterlegung des Kredites. Damit das Eigenkapital durch langfristige Kredite nicht zu stark belastet wird, ist die Restlaufzeit auf maximal fünf Jahre begrenzt.[112] Die Besonderheit bei der Restlaufzeit im fortgeschrittenen Ansatz liegt darin, dass die nationalen Aufsichtsbehörden die Laufzeitanpassung für Kredite an inländische Unternehmen, die einen jährlichen Umsatz von 500 Mio. Euro nicht überschreiten, auf 2,5 Jahre, also in Form des Basisansatzes, beschränken können. Neben dieser Option besteht umgekehrt auch die Möglichkeit einer Forderung der Laufzeitanpassung bei dem IRB-Basisansatz.[113]

Die Kreditnehmerklasse **Retail** teilt sich in die drei Unterkategorien Hypothekarkredite, revolvierende Kredite und sonstiges Retail auf. Die Zuordnung zu den einzelnen Klassen ist dabei an bestimmte Kriterien geknüpft. So darf beispielsweise der EaD für eine Privatperson bei den revolvierenden Krediten maximal 100.000 Euro betragen. Für jede dieser Kategorien gibt es eine gesonderte Risikogewichtungsfunktion, bei denen alle Risikoparameter intern geschätzt werden müssen und keine Laufzeitanpassung vorgesehen ist. Für die Zulassung dieser internen Verfahren gelten im Vergleich zu den Schätzverfahren für die Kreditnehmerklassen Staaten, Banken und Unternehmen geringere aufsichtliche Anforderungen. Die Berechnungen der Funktionen sind ebenfalls dem Anhang A zu entnehmen. Die Besonderheiten dieser Kreditnehmerklasse führen zu einer deutlich geringeren Eigenkapitalbelastung als die der anderen Kreditnehmerklassen, was üblicherweise mit der Granularität, dem „[...] Verhältnis zwischen Klein- und Großkrediten in einem Kreditportfolio [...]"[114], und den daraus folgenden geringeren Verlustgefahren begründet wird. Abschließend ist noch anzumerken, dass Kredite an klein- und mittel-ständische Gewerbebetriebe deren Jahresumsatz fünf Mio. Euro nicht übersteigt und die gesamte Kreditgewährung an

---

[112] Vgl. *Wolf, M.,* Überblick Basel II, in: Becker, A./Gaulke, M./Wolf, M., Handbuch Basel II, 2005, S. 14–15.

[113] Vgl. *Wilkens, M./Baule, R./Entrop, O.,* Erfassung Kreditrisikos, in: Hofmann, G., Basel II und MaRisk, 2007, S. 77.

[114] *Dynamicdrive GmbH & Co. KG,* Granularität, http://www.finanz.lexikon.de (15.07.2009 12:30 MEZ).

dieses Unternehmen nicht mehr als eine Mio. Euro beträgt, dem Retailportfolio zugerechnet werden.[115,116]

Unter **Unternehmensbeteiligungen** in diesem Sinne sind direkt und indirekt gehaltene Beteiligungen an Vermögen und Erträgen eines gewerblichen Unternehmens oder Finanzunternehmens zu verstehen, die für aufsichtliche Zwecke weder konsolidiert noch vom aufsichtlichen Eigenkapital abgezogen werden. Für die Berechnung des Risikogewichtes gibt es folgende optionale Ansätze:

- Marktansatz
- PD/LGD-Ansatz

Der Marktansatz verwendet entweder aufsichtlich vorgegebene Risikogewichte oder verlangt die Risikogewichtung über ein internes bankeigenes Marktrisikomodell. Beim PD/LGD-Ansatz erfolgt die Risikogewichtung analog zur Berechnung der RWA bei Krediten an Staaten, Banken und Unternehmen. Hierbei werden jedoch ein LGD von 90 Prozent und eine Restlaufzeit von fünf Jahre unterstellt. Wie bei der Unternehmensklasse können auch hier die nationalen Aufsichtsbehörden unter bestimmten Bedingungen die Institute von der Laufzeitanpassung befreien. Erfolgt so eine Anpassung, bestimmt sich das Risikogewicht über die entsprechende Risikogewichtungsfunktion für Unternehmen, wobei im Einzelfall ein Sicherheitsfaktor in die Berechnung mit einbezogen wird. Des Weiteren finden in Abhängigkeit der Art der Unternehmensanteile weitere Regelungen, wie beispielsweise Mindestrisikogewichte, Anwendung.[117,118]

Die Unterkategorie **Spezialfinanzierungen** zeichnet sich dadurch aus, dass der Kreditnehmer in Form einer Gesellschaft auftritt, welche eigens für die Finanzierung des jeweiligen Objektes oder Projektes gegründet wurde. Hierbei stellen die Einkünfte aus dem finanzierten Objekt/Projekt die primäre Quelle der Zins- und

---

[115] Vgl. *Wilkens, M./Baule, R./Entrop, O.,* Erfassung Kreditrisikos, in: Hofmann, G., Basel II und MaRisk, 2007, S. 77.

[116] Vgl. *Wolf, M.,* Überblick Basel II, in: Becker, A./Gaulke, M./Wolf, M., Handbuch Basel II, 2005, S. 16–17.

[117] Vgl. *Wolf, M.,* Überblick Basel II, in: Becker, A./Gaulke, M./Wolf, M., Handbuch Basel II, 2005, S. 16.

[118] Vgl. *Wilkens, M./Baule, R./Entrop, O.,* Erfassung Kreditrisikos, in: Hofmann, G., Basel II und MaRisk, 2007, S. 77–78.

Tilgungszahlungen dar. Für die Ermittlung des Risikogewichtes bei Spezialfinanzierungen ist eine vereinfachte Methode vorgesehen. Hierbei sind bankinterne Ratingklassen nach aufsichtlich vorgegebenen Einordnungskriterien auf fünf Risikogewichtungskategorien zu übertragen, für die wiederum aufsichtlich PD- und LGD-Werte vorgegeben sind. Alternativ können Banken auch für Spezialfinanzierungen eigene PD- und LGD-Schätzungen verwenden, wenn sie in der Lage sind, für diese Finanzierungen derartige Schätzungen nach den gleichen Regelungen wie für normale Firmenkundenkredite durchzuführen.[119]

Abschließend wird zur Verdeutlichung der vorangegangen Erläuterungen ein Beispiel zu den IRB-Ansätzen angeführt: Ein den fortgeschrittenen IRB-Ansatz anwendendes Kreditinstitut vergibt an ein Unternehmen mit einem Jahresumsatz von 10 Mio. Euro einen Kredit in Höhe von 100.000 Euro. Auf Grund von Erfahrungswerten und sehr guter Liquiditätslage des Unternehmens wird die Ausfallwahrscheinlichkeit mit einem Prozent veranschlagt. Der LGD wird auf 45 Prozent geschätzt und die Laufzeit mit 2,5 Jahren angesetzt. Nach der in Anhang A zu findenden Berechnung der Risikogewichtungsfunktion ergibt sich ein Risikogewicht von 79,02 Prozent und somit ein zu hinterlegender Eigenkapitalbetrag von 6.321,86 Euro. Abbildung 10 zeigt das Risikogewicht und das benötigte Eigenkapital bei den gegebenen Parametern für die vier Kreditnehmerklassen Banken, Staaten, Unternehmen und Retail. Bei diesem Beispiel soll der Fokus in der Abbildung bei dem Output unter „Unternehmen, fortgeschrittener Ansatz" liegen. Die Abbildung 10 beinhaltet zudem drei Koordinatenkreuze, wobei das oberste das Risikogewicht in Abhängigkeit von der Laufzeit M zeigt. Da die Laufzeit bei 2,5 liegt, entspricht das Risikogewicht des fortgeschrittenen Ansatzes dem des Basisansatzes, was durch den Schnittpunkt der schwarz-gestrichelten Linie mit der schwarzen Linie gekennzeichnet ist. Im Falle einer längeren (kürzeren) Laufzeit würde ceteris paribus das Risikogewicht des fortgeschrittenen Ansatzes über (unter) dem des Basisansatzes liegen. Das zweite Koordinatenkreuz zeigt das Risikogewicht in Abhängigkeit zur Ausfallwahrscheinlichkeit

---

[119] Vgl. *Wolf, M.,* Überblick Basel II, in: Becker, A./Gaulke, M./Wolf, M., Handbuch Basel II, 2005, S. 16.

PD. Da wie bereits erwähnt die Laufzeit M mit 2,5 der Berechnung des Basisansatzes entspricht, hat die Funktion des fortgeschrittenen Ansatzes den gleichen Verlauf, wie die des Basisansatzes (siehe schwarze Linie). Diese Funktion zeigt, dass das Risikogewicht unterproportional zur Ausfallwahrscheinlichkeit steigt. Hingegen zur PD steigt das Risikogewicht im Verhältnis zum LGD proportional, welches im dritten Koordinatenkreuz abgebildet ist. Insofern wirkt sich ein höherer LGD stärker auf die Eigenkapitalhinterlegungspflicht aus als eine höhere PD. Der EaD ist hier nicht grafisch abgebildet, würde jedoch parallel zur Abszisse verlaufen, da er keine Auswirkungen auf das Risikogewicht hat.

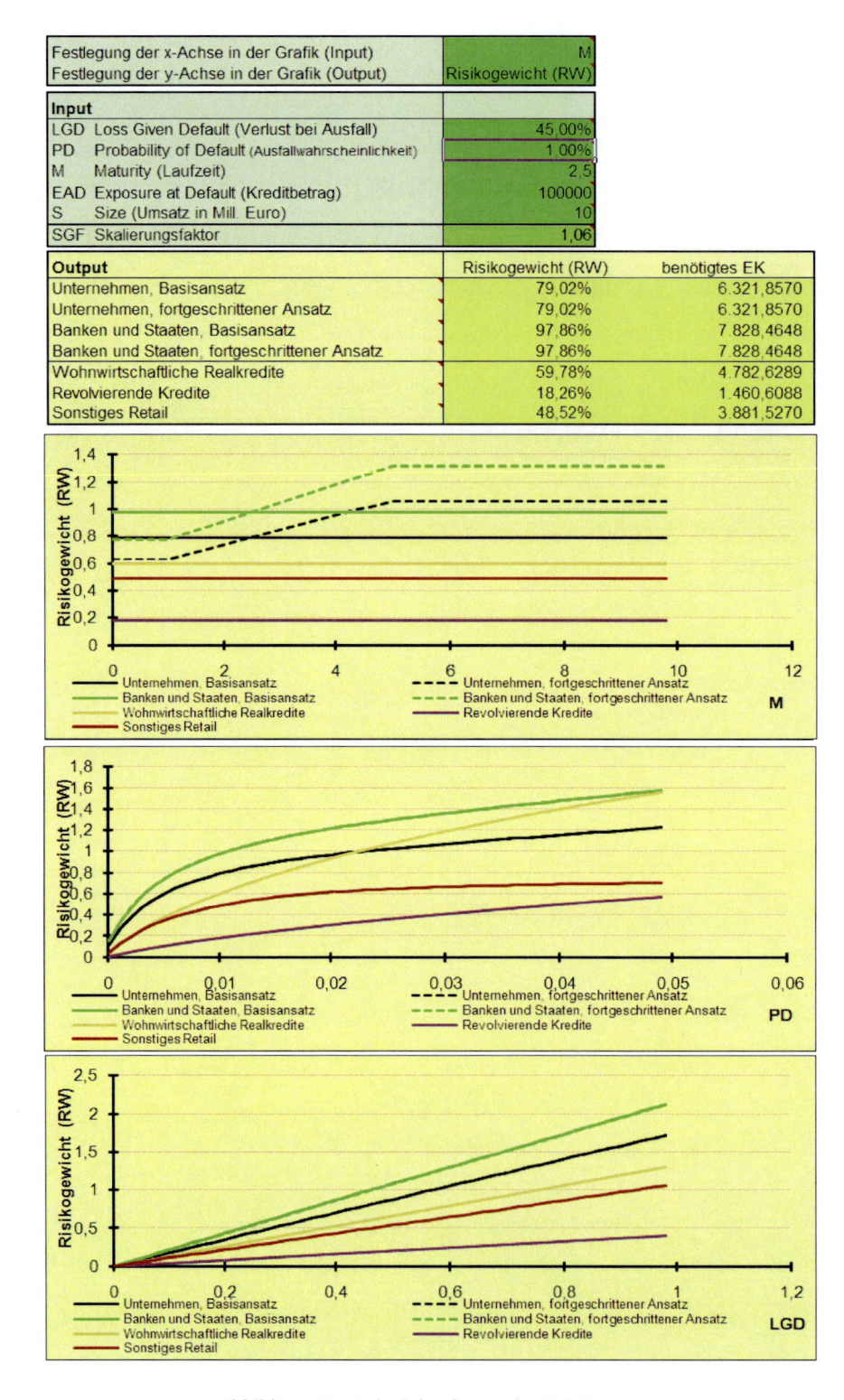

Festlegung der x-Achse in der Grafik (Input)	M
Festlegung der y-Achse in der Grafik (Output)	Risikogewicht (RW)

Input		
LGD	Loss Given Default (Verlust bei Ausfall)	45,00%
PD	Probability of Default (Ausfallwahrscheinlichkeit)	1,00%
M	Maturity (Laufzeit)	2,5
EAD	Exposure at Default (Kreditbetrag)	100000
S	Size (Umsatz in Mill. Euro)	10
SGF	Skalierungsfaktor	1,06

Output	Risikogewicht (RW)	benötigtes EK
Unternehmen, Basisansatz	79,02%	6.321,8570
Unternehmen, fortgeschrittener Ansatz	79,02%	6.321,8570
Banken und Staaten, Basisansatz	97,86%	7.828,4648
Banken und Staaten, fortgeschrittener Ansatz	97,86%	7.828,4648
Wohnwirtschaftliche Realkredite	59,78%	4.782,6289
Revolvierende Kredite	18,26%	1.460,6088
Sonstiges Retail	48,52%	3.881,5270

Abbildung 10: Beispielrechnung im IRB-Ansatz

Quelle: *Wilkens, M.*, Unterlegung Kreditrisiko, www.wertpapiermanagement.de (20.07.2009 12:10 MEZ).

4.2 Operationelles Risiko

Nach § 269 Abs. 1 SolvV ist das operationelle Risiko „die Gefahr von Verlusten, die infolge der Unangemessenheit oder des Versagens von internen Verfahren und Systemen, Menschen oder infolge externer Ereignisse eintreten. Diese Definition schließt Rechtsrisiken ein."[120]

Für die Berechnung des Eigenmittelbedarfs für das operationelle Risiko stehen den Instituten drei verschiedene Ansätze zur Verfügung: Der Basisindikatoransatz, der Standardansatz oder die fortgeschrittene Messansätze.[121] Der zu unterlegende Eigenkapitalbetrag beim **Basisindikatorenansatz** wird durch die Multiplikation des durchschnittlichen jährlichen Bruttoertrages der letzten drei Jahre mit einem aufsichtlich vorgegebenen Prozentsatz, dem so genannten Alphafaktor (ca. 15 Prozent), ermittelt. Der Bruttoertrag ergibt sich dabei aus der Summe des Zinsergebnisses zuzüglich zinsunabhängiger Erträge. Im **Standardansatz** hingegen werden die Geschäftsaktivitäten eines Institutes folgenden acht aufsichtlich definierten Geschäftsfeldern zugeordnet: Unternehmensfinanzierung, Privatkunden, Firmenkunden, Zahlungsverkehr, Vermögensverwaltung, Wertpapierabwicklung, Depot- und Treuhandgeschäfte, Wertpapierprovisionsgeschäft. Der zu unterlegende Eigenkapitalbetrag ergibt sich für jedes dieser Geschäftsfelder aus der Multiplikation des durchschnittlichen jährlichen Bruttoertrages mit einem aufsichtlich vorgegebenen Prozentsatz, welcher bei diesem Ansatz als Betafaktor bezeichnet wird und je nach Geschäftsfeld zwischen 12 und 18 Prozent liegen kann. Zu den **fortgeschrittenen Messansätzen** zählt beispielsweise der Verlustverteilungsansatz, bei welchem aus historischen Schadensfalldaten eine Verlustverteilung ermittelt wird, aus der sich ein Value at Risk (VaR) für das operationelle Risiko ableiten lässt.[122] Der Value at Risk stellt hierbei den höchst möglichen Risikobetrag dar, den das Institute verlieren kann.[123] Bei diesem Ansatz sind im Vergleich zum Standardansatz keine Geschäftsfelder aufsichtlich

---

[120] *Bundesministerium der Finanzen,* SolvV, 2007, S. 244.
[121] Vgl. *Bundesministerium der Finanzen,* SolvV, 2007, S. 244.
[122] Vgl. *Wolf, M.,* Überblick Basel II, in: Becker, A./Gaulke, M./Wolf, M. Handbuch Basel II, 2005, S. 18.
[123] Vgl. *Goldman Sachs,* Value-at-Risk, http://www.goldman-sachs.de (10.08.2009 10:18 MEZ).

vorgegeben, sondern können nach den bankindividuellen Verhältnissen festgelegt werden. Die Verlustverteilung kann entweder für einzelne oder für mehrere der definierten Geschäftsfelder erfolgen, wobei der Ermittlung der Verlustverteilungen Annahmen über die Höhe und die Eintrittswahrscheinlichkeit von Verlusten aus dem operationellen Risiko zu Grunde liegen.[124]

4.3 Marktrisiko

Im Rahmen des Marktrisikos werden potenzielle Marktpreisänderungen berücksichtigt, die zu Verlusten eines Kreditinstitutes führen könnten. Dabei werden unter Marktpreisen zum Beispiel Wechsel- oder Aktienkurse, Zinssätze und Rohstoffpreise verstanden.[125] Es ergeben sich somit in der Summe mehrere zu berücksichtigende Marktpreisrisiken.

Die Solvabilitätsverordnung stellt für jedes Marktrisiko und die dazugehörige Eigenkapitalunterlegung entsprechende Standardverfahren zur Verfügung. Neben diesen Verfahren besteht zudem die Möglichkeit der Nutzung instituteigener Risikomodelle, welche wiederum der vorherigen Zulassung der BaFin bedürfen.[126] Diese Zulassung schließt die regelmäßige Überprüfung der vorausgeschätzten Risikowerte mit den tatsächlich eingetretenen Verlusten sowie die Durchführung so genannter Stresstests ein. Folgende quantitative Vorgaben gelten für die Risikomodelle, welche die Marktrisiken als VaR ermitteln:

- Die Haltedauer beträgt mindestens weitere zehn Arbeitstage
- Die Wahrscheinlichkeit, mit der der errechnete VaR nicht überschritten wird, liegt bei 99 Prozent
- Ein effektiver Beobachtungszeitraum von mindestens einem Jahr liegt zu Grunde

---

[124] Vgl. *Wolf, M.,* Überblick Basel II, in: Becker, A./Gaulke, M./Wolf, M. Handbuch Basel II, 2005, S. 18.
[125] Vgl. *Peterl, F.,* Risikomanagement bei Banken, 2003, S. 17.
[126] Vgl. *Bundesanstalt für Finanzdienstleistungsaufsicht,* Marktrisiken, http://www.bafin.de (30.06.2009 10:35 MEZ).

Die RWA ergibt sich bei den Marktrisiken als der größere aus der VaR-Position vom Vortag oder des Durchschnittes der VaR-Werte der letzten 60 Arbeitstage, multipliziert mit einem Gewichtungsfaktor, der zwischen drei und vier liegt.[127]

Abschließend ist bei der Ermittlung der Anrechnungsbeträge für die Marktrisikopositionen darauf zu achten, dass deren Höhe nicht die des verbleibenden Eigenmittelbetrags übersteigt. Dieser setzt sich aus der Summe des nach Unterlegung des Kredit- und operationellen Risikos noch verbleibenden haftenden Eigenkapitals sowie den Drittrangmitteln zusammen.[128]

---

[127] Vgl. *Reichling, P./Bietke, D./Henne, A.*, Risikomanagement und Rating, 2007, S. 36–37.
[128] Vgl. *Bieg, H./Krämer, G./Waschbusch, G.*, Bankenaufsicht, 2009, S. 327.

5 KREDITRISIKOMINDERUNG DURCH SICHERHEITENANRECHNUNG

Ziel dieses Abschnittes ist es zum Einen aufzuzeigen, wie dingliche Kreditsicherheiten die Eigenkapitalhinterlegungspflicht von Banken senken können und zum Anderen, wie Marktwertveränderungen sich auf genau diese Minderung der Eigenkapitalhinterlegung auswirken. Aus diesem Grunde werden zu Beginn die Grundlagen der Sicherheitenanrechnung erläutert, während der Kern dieses Kapitels die Techniken der Kreditrisikominderung behandelt. Abschließend werden auf die Auswirkungen von Marktwertveränderungen im Rahmen der Eigenkapitalhinterlegungspflicht eingegangen. Folgende Erläuterungen orientieren sich bereits, hinführend zum Kapiteln 6, an dem Sicherungsmittel der „Schiffshypothek".

5.1 Grundlagen der Sicherheitenanrechnung

Durch die Stellung von Sicherheiten bei der Kreditvergabe wird davon ausgegangen, dass im Falle einer Nichtleistung des Kreditnehmers die Sicherheit zur Befriedigung der ausstehenden Forderung herangezogen werden kann und somit zumindest eine teilweise Rückzahlung sichergestellt wird. Genau dieser Tatbestand führt dazu, dass Sicherheiten kreditrisikomindernd angerechnet werden können. Das Risiko bei Ausfall des Kreditnehmers ist somit durch die bestellte Sicherheit geringer anzusetzen als ohne Sicherheitenstellung.[129] Kapitel 4 zeigte bereits auf, dass das Kreditrisiko direkt im Verhältnis zur Eigenkapitalhinterlegung steht, woraus folgt, dass ein um Sicherheiten gemindertes Kreditrisiko auch zu einer geringeren Eigenkapitalunterlegung führt und somit einen Vorteil für die Institute darstellt.

Im Folgenden werden der Umfang der Sicherungsinstrumente, die dazugehörigen Mindestanforderungen an Kreditrisikominderungstechniken sowie die Offenlegungspflichten behandelt.

---

[129] Vgl. *Schulte-Mattler, H./Manns, T.*, Kreditrisikominderung, in: Becker, A./Gaulke, M./Wolf, M., Handbuch Basel II,
   2005, S. 38.

5.1.1 Umfang der Sicherungsinstrumente

Im Vergleich zu Basel I wurde im Rahmen von Basel II der Umfang der auf das Eigenkapital anrechenbaren Sicherungsinstrumente im Bereich des Kreditrisikos teilweise deutlich erweitert.[130]

Die Solvabilitätsverordnung unterscheidet gemäß § 154 folgende Sicherungsinstrumente:

- **Finanzielle Sicherheiten**

    z. B. Bareinlagen, Schuldverschreibungen, Aktien, Gold, Investmentanteile

- **Gewährleistungen**
- **Sonstige berücksichtigungsfähige IRBA-Sicherheiten**

    z. B. Forderungsabtretungen, Grundpfandrechte auf Immobilien, sonstige IRBA-Sicherheiten[131]

Unter die sonstigen IRBA-Sicherheiten im Rahmen der „Sonstigen berücksichtigungsfähigen IRBA-Sicherheiten" fallen gemäß § 161 SolvV solche dinglichen Sicherheiten, für die ein liquider Markt existiert, der eine schnelle und wirtschaftliche Veräußerung ermöglicht, anerkannte und öffentlich verfügbare Marktpreise existieren sowie das Institut nachweisen kann, dass beim Verkauf der Sicherheit der erzielte Marktwert keine wesentliche Abweichung vom angesetzten Sicherheitenwert zeigen würde.[132] Sollte der Nachweis fehlschlagen, darf eine Anrechnung der Sicherheiten nur noch erfolgen, wenn eine entsprechende Korrektur der Sicherheitenwerte erfolgt. Diese eben genannten Anforderungen werden laut der Deutschen Bundesbank vom Schifffahrtsmarkt erfüllt, wodurch eine kreditrisikomindernde Anrechenbarkeit des Sicherungsmittels „Schiffshypothek" gemäß Abbildung 11 im Rahmen des IRB-Basisansatzes und fortgeschrittenen IRB-Ansatzes möglich ist.[133]

---

[130] Vgl. *Hailer, A. C./Friedemann, L./Stork, P.,* Zuordnung von Sicherheiten, in: Zeitschrift für das gesamte Kreditwesen, Nr. 22, 2002, S. 1202.
[131] Vgl. *Bundesministerium der Finanzen,* SolvV, 2007, S. 140–147.
[132] Vgl. *Bundesministerium der Finanzen,* SolvV, 2007, S. 147.
[133] Vgl. *Deutsche Bundesbank,* Arbeitskreis Basel II, http://www.bundesbank.de (12.08.2009 17:51 MEZ).

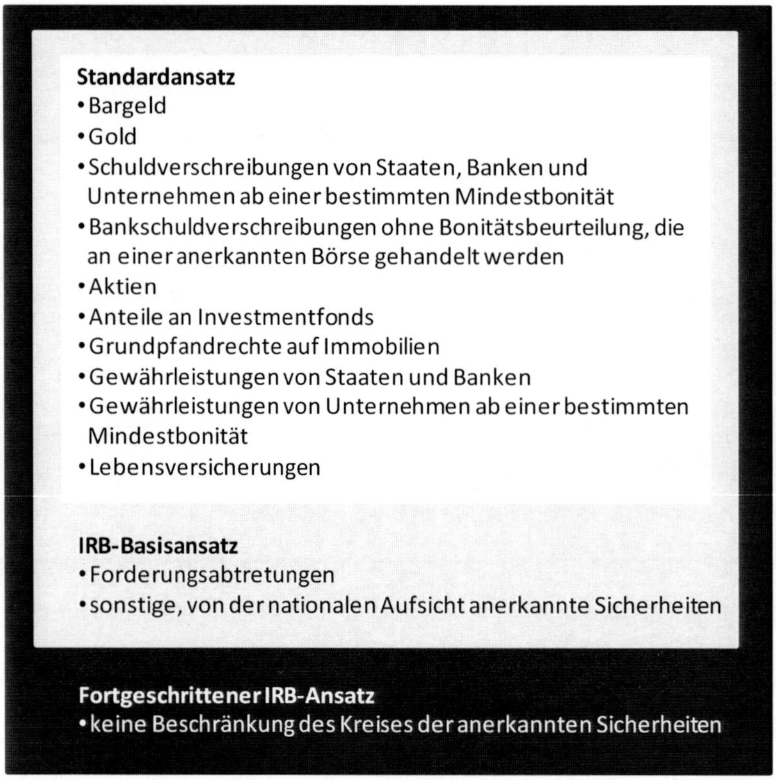

Standardansatz
- Bargeld
- Gold
- Schuldverschreibungen von Staaten, Banken und Unternehmen ab einer bestimmten Mindestbonität
- Bankschuldverschreibungen ohne Bonitätsbeurteilung, die an einer anerkannten Börse gehandelt werden
- Aktien
- Anteile an Investmentfonds
- Grundpfandrechte auf Immobilien
- Gewährleistungen von Staaten und Banken
- Gewährleistungen von Unternehmen ab einer bestimmten Mindestbonität
- Lebensversicherungen

IRB-Basisansatz
- Forderungsabtretungen
- sonstige, von der nationalen Aufsicht anerkannte Sicherheiten

Fortgeschrittener IRB-Ansatz
- keine Beschränkung des Kreises der anerkannten Sicherheiten

Abbildung 11: Umfang der Sicherungsinstrumente
Quelle: In Anlehnung an *Flach, J/ Achtelik, O. C./Drexler, E.*, Anrechnung von Kreditsicherheiten, in: Achtelik, O. et al. (Hrsg.), Sicherheiten-Management, 2007, S. 74.

Obige Abbildung 11 veranschaulicht den Tatbestand, dass sich der Umfang der anzusetzenden Sicherheiten mit zunehmender Risikosensitivität und Komplexität der Messverfahren (vgl. Abb. 8) vergrößert. Die finanziellen Sicherheiten und Gewährleistungen werden hiernach bereits im Standardansatz anerkannt, wobei die sonstigen IRBA-Sicherheiten, wie bereits erwähnt, erst im Rahmen des IRB-Basisansatzes und fortgeschrittenen Ansatzes angerechnet werden können. Beim fortgeschrittenen IRB-Ansatz gibt es letztlich keine Beschränkungen hinsichtlich der anerkennungsfähigen Sicherheiten mehr. Zusammenfassend ist zu sagen, dass je fortgeschrittener der vom Institut gewählte Ansatz für das Kreditrisiko ist, desto größer sind die Möglichkeiten, vorhandene Sicherheiten zu berücksichtigen. Letztlich führt die uneingeschränkte Anrechenbarkeit von Sicherheiten jedoch auch zu strengeren Mindestanforderungen.[134]

5.1.2 Mindestanforderungen an Kreditrisikominderungstechniken

Da, wie eben bereits gezeigt wurde, das Sicherungsmittel „Schiffshypothek" unter die sonstigen IRBA-Sicherheiten fällt, wird im Folgenden neben den für alle Sicherungsinstrumente allgemeingültigen Mindestanforderungen im Speziellen auf die Mindestanforderungen für die Berücksichtigung sonstiger IRBA-Sachsicherheiten eingegangen. Des Weiteren ist anzumerken, dass sich folgende Mindestanforderungen grundsätzlich auf die Kreditrisikominderung im Standardansatz und IRB-Basisansatz beziehen. Dies impliziert jedoch nicht, dass diese im fortgeschrittenen IRB-Ansatz keine Beachtung finden. Sobald ein Institut im Rahmen des fortgeschrittenen Ansatzes den LGD selbst schätzt und hierbei das Vorhandensein von Sicherheiten mit einbeziehen möchte, muss es interne Anforderungen an das Sicherheiten- und Risikomanagement aufstellen, die mindestens mit den allgemeinen Mindestanforderungen für die Berücksichtigung von Sicherheiten übereinstimmen.[135]

5.1.2.1 Allgemeine Mindestanforderungen

Die SolvV schreibt vor, dass Kreditsicherheiten, die kreditrisikomindernd angerechnet werden, rechtlich wirksam und durchsetzbar sein müssen und dieser Tatbestand durch anlassbezogene Überprüfungen während der gesamten Laufzeit sicherzustellen ist.[136] Des Weiteren muss jedes Institut der BaFin nachweisen können, dass es über

---

[134] Vgl. *Flach, J./Achtelik, O. C./Drexler, E.*, Anrechnung von Kreditsicherheiten, in: Achtelik, O. C./Drexler, E./
   Flach, J., Sicherheiten-Management, 2007, S. 74–76.
[135] Vgl. *Flach, J./Achtelik, O. C./Drexler, E.*, Anrechnung von Kreditsicherheiten, in: Achtelik, O. C./Drexler, E./
   Flach, J., Sicherheiten-Management, 2007, S. 283.
[136] Vgl. *Flach, J./Achtelik, O. C./Drexler, E.*, Anrechnung von Kreditsicherheiten, in: Achtelik, O. C./Drexler, E./
   Flach, J., Sicherheiten-Management, 2007, S. 74.

entsprechende Prozesse verfügt, welche die durch die Verwendung von Kreditrisikominderungstechniken entstehenden Risiken steuern.[137]

5.1.2.2 Mindestanforderungen an die Berücksichtigung sonstiger IRBA-Sicherheiten

Neben den eben erwähnten Anforderungen, müssen gemäß § 175 SolvV folgende weitere Mindestanforderungen erfüllt sein, um Sicherheiten im IRBA-Ansatz risikomindernd anrechnen zu dürfen:

1) Der Inhalt des Sicherstellungsvertrages muss dem sicherungsnehmenden Institut eine zeitnahe Wertrealisierung der Sicherheit ermöglichen.[138]

2) Das Institut muss an der Sicherheit eine dinglich bevorrechtigte Rechtsstellung haben.

3) Der Sicherheitenwert ist in regelmäßigen Abständen, mindestens jedoch jährlich dahingehend zu überwachen, ob er wesentlich vom aktuellen Marktwert abweicht, wobei unter einer wesentlichen Abweichung mindestens 30 Prozent zu verstehen sind.[139]

4) Der Sicherstellungsvertrag muss eine genaue Beschreibung der dinglichen Sicherheit sowie den Anspruch des Institutes, für die Bewertung erforderliche Unterlagen anzufordern, beinhalten.[140]

5) Das Institut muss über eine dokumentierte Geschäftspraxis verfügen, welche den Umfang der akzeptierten dinglichen Sicherheiten sowie deren Berücksichtigungsrahmen beinhaltet.

6) Die Sicherheitenbewertungsverfahren müssen eindeutig und überprüfbar sein sowie ein angemessenes Verhältnis zwischen dem Sicherheitenwert und dem Kreditbetrag sicherstellen.

---

[137] Vgl. *Bundesministerium der Finanzen,* SolvV, 2007, S. 157.
[138] Vgl. *Bundesministerium der Finanzen,* SolvV, 2007, S. 160.
[139] Vgl. *Flach, J./Achtelik, O. C./Drexler, E.,* Anrechnung von Kreditsicherheiten, in: Achtelik, O. C./Drexler, E./
  Flach, J., Sicherheiten-Management, 2007, S. 223–225.
[140] Vgl. *Bundesministerium der Finanzen,* SolvV, 2007, S. 161.

7) Wertminderungen oder Veralterungen der Sicherheit sind sowohl bei der Erstbewertung als auch bei Folgebewertungen zu berücksichtigen.

8) Es muss im Recht des sicherungsnehmenden Institutes liegen, die Sicherheit vor Ort zu besichtigen.[141]

9) Es muss sichergestellt werden, dass die Sicherheit während der gesamten Laufzeit ausreichend versichert ist. Zur Überwachung dieser Anforderung sind entsprechende Vorkehrungen institutseitig zu treffen.[142]

5.1.3 Offenlegungspflichten

Im Hinblick auf die Anwendung von Kreditrisikominderungstechniken kommt den Offenlegungspflichten, welche der Säule 3 von Basel II zuzuordnen sind, eine besondere Bedeutung zu. Gemäß SolvV können Sicherheiten nur risikomindernd berücksichtigt werden, wenn die Offenlegungspflichten des § 336 SolvV erfüllt werden. Im Rahmen dieses Paragraphen werden qualitative und quantitative Informationen unterschieden, wobei in *qualitativer* Hinsicht folgende Informationen offen zu legen sind:[143]

- Strategie, Anrechnungs-, Bewertungs- und Verwaltungsverfahren sowie den Umfang der verwendeten berücksichtigungsfähigen Sicherheiten
- Die vom Institut schwerpunktmäßig anrechenbaren Sicherheitenarten
- Eingegangene (Markt- oder Kredit-) Risikokonzentrationen[144]

Des Weiteren muss in *quantitativer* Hinsicht gesondert für jede Forderungsklasse die Summe der besicherten Positionswerte offen gelegt werden.[145]

---

[141] Vgl. *Flach, J./Achtelik, O. C./Drexler, E.,* Anrechnung von Kreditsicherheiten, in: Achtelik, O. C./Drexler, E./
　　Flach, J., Sicherheiten-Management, 2007, S. 228–229.
[142] Vgl. *Bundesministerium der Finanzen,* SolvV, 2007, S. 161.
[143] Vgl. *Flach, J./Achtelik, O. C./Drexler, E.,* Anrechnung von Kreditsicherheiten, in: Achtelik, O. C./Drexler, E./
　　Flach, J., Sicherheiten-Management, 2007, S. 285.
[144] Vgl. *Bundesministerium der Finanzen,* SolvV, 2007, S. 305.
[145] Vgl. *Flach, J./Achtelik, O. C./Drexler, E.,* Anrechnung von Kreditsicherheiten, in: Achtelik, O. C./Drexler, E./
　　Flach, J., Sicherheiten-Management, 2007, S. 286.

Neben den qualitativen und quantitativen Offenlegungsanforderungen gibt es auch Vorgaben zur Form der Offenlegung. Die SolvV schreibt vor, dass die Institute die offen zu legenden Informationen in einem geeigneten Medium veröffentlichen müssen, wobei über die Publizierung unter Angabe des Mediums im elektronischen Bundesanzeiger zu berichten ist. Ein geeignetes Medium stellt beispielsweise die instituteigene Internetseite dar. Des Weiteren ist ein Offenlegungsintervall von einem Jahr vorgeschrieben, wobei die BaFin in Einzelfällen berechtigt ist kürzere Intervalle festzulegen. Hierbei hat die Offenlegung nach Maßgabe der Verfügbarkeit der Daten und der externen Rechnungslegung zeitnah zu erfolgen.[146]

Die Offenlegungsberichte 2008 von den drei größten deutschen schiffsfinanzierenden Banken, HSH-Nordbank, Nord/LB und KfW IPEX können bei Interesse folgenden Internetseiten entnommen werden:

HSH Nordbank:

http://www.hshnordbank.de/media/de/pdf/investorrelations/geschaeftsber/2008/offenlegung/hshnordbank_offenlegung2008.pdf

Nord/LB:

https://www.nordlb.de/fileadmin/Investor_Relations/Offenlegungsberichte/deutsch/2008/Offenlegungsbericht_2008.pdf

KfW-IPEX: http://www.kfw-ipex-bank.de/DE_Home/Service/PDF-Dokumente/2009-05-12_OLB_FINAL.pdf

---

[146] Vgl. *Flach, J./Achtelik, O. C./Drexler, E.,* Anrechnung von Kreditsicherheiten, in: Achtelik, O. C./Drexler, E./
  Flach, J., Sicherheiten-Management, 2007, S. 287.

5.2 Techniken der Kreditrisikominderung

Da im Rahmen dieses Buches das Schiff als Kreditsicherheit im Vordergrund steht und dieses, wie bereits erwähnt, in den IRB-Ansätzen risikomindernd angerechnet werden kann, werden die beiden Methoden des Standardansatz lediglich zum vollständigen Verständnis dieses Kapitels mit angeführt. Zudem ist zu erwähnen, dass Gewährleistungen aufgrund der fehlenden Dinglichkeit keine Berücksichtigung finden. Die Berechnungen zur Kreditrisikominderung im Rahmen des IRB-Basisansatzes und fortgeschrittenen Ansatzes stehen somit im Fokus dieses Abschnittes. Folgende Abbildung 12 veranschaulicht die Methoden zur Sicherheitenanrechnung in den jeweiligen Kreditrisikomessverfahren.

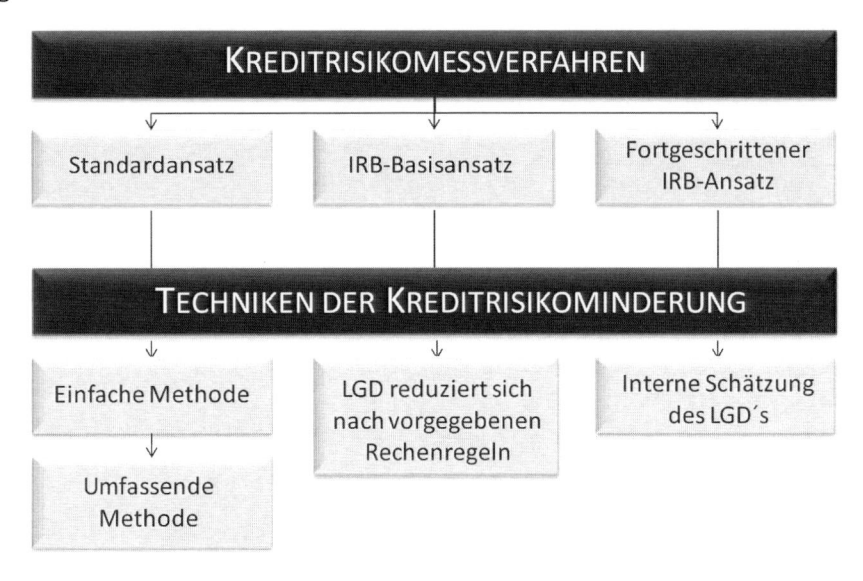

Abbildung 12: Techniken der Kreditrisikominderung
Quelle: Eigene Abbildung.

5.2.1 Im Standardansatz

Verfolgt ein Institut den Standardansatz, so kann es im Rahmen der Kreditrisikominderung zwischen der einfachen und der umfassenden Methode wählen.[147] Hierbei ist der Marktwert der Sicherheit im Rahmen der einfachen Methode mindestens alle sechs Monate zu ermitteln. Während bei beiden Methoden nur eine

---

[147] Vgl. *Flach, J./Achtelik, O. C./Drexler, E.*, Anrechnung von Kreditsicherheiten, in: Achtelik, O. C./Drexler, E./Flach, J., Sicherheiten-Management, 2007, S. 176.

Teilbesicherung zulässig ist, sind lediglich bei der umfassenden Methode Laufzeitkongruenzen zwischen dem Kredit und der Sicherheit zugelassen.[148]

5.2.1.1 Einfache Methode

Im Rahmen der einfachen Methode wird das Risikogewicht des Kreditnehmers für den besicherten Teil des Kredites durch das Risikogewicht der Sicherheit substituiert. Die jeweiligen Risikogewichte sind der SolvV § 26 f. zu entnehmen. Hierbei ist eine Untergrenze, der so genannte Bonitätsgewichtungs-Floor, von 20 Prozent zu beachten.[149] Durch diese Regelung sollen mögliche rechtliche und operationelle Risiken abgedeckt werden.[150] Unter gewissen Bedingungen kann sich der Floor jedoch auf Null Prozent reduzieren. Dies ist beispielsweise der Fall, wenn die Sicherheit aus Bargeld oder Wertpapieren eines Staates besteht. Da im Rahmen der einfachen Methode lediglich eine Teilsicherung (EaD > SI) zulässig ist, ergibt sich der zu hinterlegende Eigenkapitalbetrag gemäß Abbildung 13 wie folgt:[151]

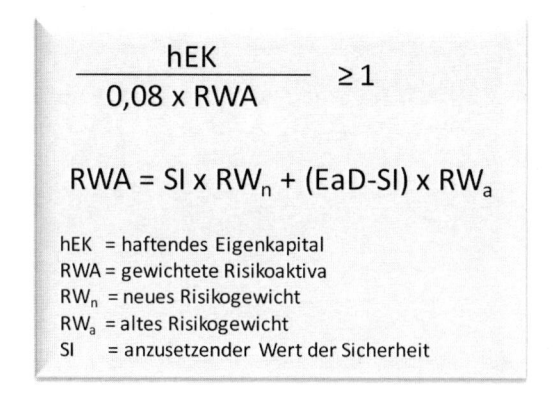

$$\frac{hEK}{0{,}08 \times RWA} \geq 1$$

$$RWA = SI \times RW_n + (EaD-SI) \times RW_a$$

hEK = haftendes Eigenkapital
RWA = gewichtete Risikoaktiva
RW_n = neues Risikogewicht
RW_a = altes Risikogewicht
SI = anzusetzender Wert der Sicherheit

Abbildung 13: Kreditrisikominderung in der „Einfachen Methode" im KST
Quelle: In Anlehnung an *Schulte-Mattler, H./Manns, T.*, Kreditrisikominderung, in: Handbuch Basel II, 2005, S. 41.

---

[148] Vgl. *Schulte-Mattler, H./Manns, T.*, Kreditrisikominderung, in: Becker, A./Gaulke, M./Wolf, M., Handbuch Basel II,
2005, S. 38.
[149] Vgl. *Banik, C.*, Anerkennung von Kreditsicherheiten, in: Kredit & Rating, Bd. 35, Nr. 2, 2009, S. 27.
[150] Vgl. *Klement, J.*, Kreditrisikohandel, 2007, S. 229–230.
[151] Vgl. *Schulte-Mattler, H./Manns, T.*, Kreditrisikominderung, in: Becker, A./Gaulke, M./Wolf, M., Handbuch Basel II,
2005, S. 38–39.

Die RWA berechnet sich demnach aus der Multiplikation des Sicherheitenwertes mit dem substituierten Risikogewicht, addiert mit der Multiplikation aus dem alten Risikogewicht mit der Differenz aus EaD und Sicherheitenwert. Durch diese Berechnung findet eine Senkung der RWA statt, wodurch sich der besicherte Teil des Krediets risikomindernd auf das zu hinterlegende Eigenkapital auswirkt.

Zur Verdeutlichung der risikomindernden Wirkung von Sicherheiten im Rahmen der einfachen Methode im Standardansatz dient folgendes Beispiel:

Ein Institut vergibt einen Kredit über 1 Mio. Euro an ein A+ geratetes Wirtschaftsunternehmen, deren Risikogewicht bei 50 Prozent liegt. Es wird angenommen, dass der Wert der Sicherheit 700.000 Euro beträgt und das Risikogewicht der Sicherheit bei 35 Prozent liegt. Die RWA vor Sicherheitenanrechnung ergibt sich demnach aus der Multiplikation von 0,5 mit 1 Mio. Euro, also 500.000 Euro. Die Höhe des Eigenkapitalhinterlegungsbetrages ergibt sich nun aus der Multiplikation mit 8 Prozent und beträgt somit 40.000 Euro. Bei Berücksichtigung der Sicherheit ergibt sich die RWA wie folgt:

700.000 x 0,35 + (1.000.000 – 700.000) x 0,5

Es ergibt sich somit eine RWA von 395.000 und somit ein **zu hinterlegender Eigenkapitalbetrag in Höhe von 31.600 Euro**. Das bedeutet die reelle Eigenkapitalentlastung durch die Berücksichtigung der Sicherheit beträgt 8.400 Euro.

5.2.1.2 Umfassende Methode

Im Rahmen der umfassenden Methode im Standardansatz findet eine Reduzierung des Forderungsbetrages um den beizumessenden Wert der Sicherheit statt. Um zukünftige Marktwertveränderungen zu berücksichtigen, werden sowohl vom Forderungsbetrag als auch vom Marktwert der Sicherheit Sicherheitszu- bzw. -abschläge, so genannte „Haircuts", genommen. Hierbei können die Banken entweder auf vorgegebene „Haircuts" zurückgreifen oder bei Erfüllung gewisser Anforderungen die Bewertungsabschläge selbst schätzen. Unterscheiden sich der Forderungsbetrag und die eingebrachte Sicherheit in der Währung, so sind zur Berücksichtigung von Wechselkursschwankungen weitere Abschläge vorzunehmen.[152,153] Nach obiger Definition sind die Haircuts somit ein Teil der in Kapitel 2 erwähnten Risikoabschläge, entsprechen diesen jedoch nicht in voller Höhe. Die Berechnung des zu hinterlegenden Eigenkapitals im Rahmen der umfassenden Methode wird in folgender Abbildung 14 dargestellt.

$$\frac{hEK}{0{,}08 \times RW \times EaD_n} \geq 1$$

$$EaD_n = EaD_a \times (1+H_F) - SI \times (1-H_S-H_W)$$

hEK = haftendes Eigenkapital
RW = Risikogewicht
EaD_n = neuer Forderungsbetrag
EaD_a = alter Forderungsbetrag
H_F = Haircut Forderung
SI = Marktwert der Sicherheit
H_S = Haircut Sicherheit
H_W = Haircut Währungsinkongruenz

Abbildung 14: Kreditrisikominderung in der „Umfassenden Methode" im KST
Quelle: In Anlehnung an *Klement, J.*, Kreditrisikohandel, 2007, S. 232.

Um den Unterschied zur einfachen Methode deutlich zu machen, wird obiges, im Rahmen der einfachen Methode, angewandtes Beispiel auch für die umfassende Methode aufgegriffen. Dementsprechend sind EaD_a mit 1 Mio. Euro, RW mit 50 Prozent und SI mit 700.000 Euro anzusetzen. Der Haircut der Forderung wird auf 2 Prozent, der Haircut der Sicherheit auf 3 Prozent und der Währungshaircut ebenfalls auf 2 Prozent geschätzt. Somit berechnet sich die RWA (RW x EaD_n) wie folgt:

0,5 x (1. Mio. x (1+0,02) – 700.000 x (1-0,03-0,02)) = 355.000 Euro

---

[152] Vgl. *Banik, C.*, Anerkennung von Kreditsicherheiten, in: Kredit & Rating, Bd. 35, Nr. 2, 2009, S. 28.
[153] Vgl. *Klement, J.*, Kreditrisikohandel, 2007, S. 232–233.

Durch die Multiplikation mit acht Prozent ergibt sich demnach ein **zu hinterlegendes Eigenkapital von 28.400 Euro**. In diesem Fall wäre somit die Anwendung der umfassenden Methode von Vorteil, da ein niedriger Eigenkapitalbetrag zu hinterlegen wäre, als bei der einfachen Methode. Es ist jedoch vom Institut abzuschätzen, ob der Aufwand zur Anwendung der umfassenden Methode im Verhältnis zur Eigenkapitalentlastung steht.

5.2.2 Im IRB-Ansatz

Während bei der umfassenden Methode im Standardansatz die risikoadjustierte Differenz zwischen Forderung und Sicherheit zentral ist, führen werthaltige Sicherheiten bei den IRB-Ansätzen zu sinkenden LGD-Quoten und somit zu einer geringeren Eigenkapitalhinterlegung.[154,155] Im Folgenden werden die Kreditrisikominderungstechniken im IRB-Basisansatz und im fortgeschrittenen IRB-Ansatz angeführt, wobei sich Ersterer eng an die umfassende Methode des Standardansatzes anlehnt.

5.2.2.1 IRB-Basisansatz

Im Mittelpunkt der Berechnungen im IRB-Basisansatz steht das Verhältnis von dem, ggf. um Haircuts reduzierten, Marktwert der Sicherheit zum ebenfalls um Haircuts bereinigten Forderungsbetrag. Bei der Anrechnung von Sicherheiten werden, wie bereits bei den Risikomessverfahren, die Kreditnehmer-klassen Staaten, Banken und Unternehmen gleichgestellt, wobei eine Berücksichtigung von Sicherheiten im Retailportfolio nach einem separaten Ansatz erfolgt, welcher im weiteren Verlauf außer Acht gelassen wird.[156]

---

[154] Vgl. *Banik, C.,* Anerkennung von Kreditsicherheiten, in: Kredit & Rating, Bd. 35, Nr. 2, 2009, S. 28.
[155] Vgl. *Haun, M./Kaltofen, R. G.,* Pricing, in: Becker, A./Gehrmann, V./Schulte-Mattler, H., Ökonomisches Kapital,
 2008, S. 76.
[156] Vgl. *Klement, J.,* Kreditrisikohandel, 2007, S. 237–238.

Werden im Rahmen der Kreditrisikominderung sowohl finanzielle, als auch sonstige berücksichtigungsfähige IRBA-Sachsicherheiten angerechnet, so sind die unterschiedlichen Sicherheiten schrittweise zu berücksichtigen. Zunächst sind finanzielle Sicherheiten und Forderungsabtretungen risikomindernd anzurechnen und im Anschluss daran findet die Einbeziehung von Immobilien und sonstige IRBA-Sicherheiten statt.[157,158] Vor der Anrechnung von Sicherheiten beträgt der aufsichtlich vorgegebene LGD für unbesicherte Kredite 45 Prozent und für nachrangige 75 Prozent. Den um Sicherheiten adjustierten LGD-Wert definiert der Baseler Ausschuss als effektiven LGD und unterteilt diesen aufgrund der schrittweisen Berücksichtigung der Sicherheiten in den LGD für finanzielle Sicherheiten ($LGD_{eff.FIN}$), Forderungsabtretungen ($LGD_{eff.FO}$), Immobilien ($LGD_{eff.IM}$) und sonstige IRBA-Sicherheiten ($LGD_{eff.SO}$). Abgesehen von der Berechnung des finanziellen LGDs, welcher sich von den anderen Berechnungsmethoden unterscheidet, findet im ersten Schritt eine Prüfung des oben erwähnten Deckungsverhältnisses zwischen dem Wert der Sicherheit und dem Forderungsbetrag (V) in Bezug auf den in Tabelle 4 erforderlichen Mindestbesicherungsgrad (V_M) statt. Nur wenn $V \geq V_M$ bzw. bei finanziellen Sicherheiten $V > V_M$ ist, besteht die Möglichkeit einer LGD-Minderung für den besicherten Teil der Forderung auf den Mindest-LGD (LGD_M). Der unbesicherte Teil wird weiterhin mit dem aufsichtlich vorgegebenen LGD von entweder 45 Prozent oder 75 Prozent angesetzt. Übersteigt V sogar den so genannten Übersicherungsgrad ($V_Ü$) darf der LGD_M für den gesamten Teil der Forderung angesetzt werden. Die Werte von $V_Ü$ und LGD_M sind ebenfalls folgender Tabelle 4 zu entnehmen.[159]

---

[157] Vgl. *Banik, C.,* Anerkennung von Kreditsicherheiten, in: Kredit & Rating, Bd. 35, Nr. 2, 2009, S. 29.
[158] Vgl. *Klement, J.,* Kreditrisikohandel, 2007, S. 238–239.
[159] Vgl. *Schulte-Mattler, H./Manns, T.,* Kreditrisikominderung, in: Becker, A./Gaulke, M./Wolf, M., Handbuch Basel II,
 2005, S. 48–49.

Tabelle 4: Mindest-LGD für den besicherten Teil von vorrangigen Forderungen

Sicherheitenart	Mindest-LGD (LGD_M)	Erforderlicher Mindestbesicherungsgrad der Forderung (V_M)	Erforderlicher Übersicherungsgrad zur Anerkennung der LGD in voller Höhe ($V_Ü$)
Anerkannte Finanzielle Sicherheiten (SI_{Fin})	0 %	0 %	n.a.
Forderungsabtretungen (SI_{FA})	35 %	0 %	125 %
Gewerbliche Immobilien/ Wohnimmobilien (SI_{Im})	35 %	30 %	140 %
Sonstige IRBA-Sicherheiten (SI_{So})	40 %	30 %	140 %

Quelle: In Anlehnung an *Schulte-Mattler, H./Manns, T.*, Kreditrisikominderung, in: Handbuch Basel II, 2005, S. 49.

Obiger Tabelle ist zu entnehmen, dass für finanzielle Sicherheiten und Forderungsabtretungen der Mindestbesicherungsgrad V_M Null Prozent beträgt. Hieraus folgt, dass im Vergleich zu den anderen Sicherheitenarten jegliche Berücksichtigung von Sicherheiten zu einer Kreditrisikominderung führt.[160]

Die Berechnung der effektiven LGDs für die jeweiligen Sicherheitenarten ist in Abbildung 15 dargestellt. Hierbei findet bei den finanziellen Sicherheiten eine LGD-Minderung durch die Multiplikation des aufsichtlich vorgegebenen LGDs mit dem Quotienten aus der Differenz von EaD und Sicherheitenwert und EaD statt. Der verbleibende, nicht durch finanzielle Sicherheiten gedeckte Teil, dient als Basis für die Anrechnung weiterer Sicherheiten. Falls keine weiteren Sicherheiten vorliegen, wird für den verbleibenden Teil die aufsichtlich vorgegebene LGD angesetzt.[161]

Bei Forderungsabtretungen ergibt sich der effektive LGD, wie bereits erwähnt, durch die Multiplikation des besicherten Teils der Forderung ($V/V_Ü$) mit dem Mindest-LGD

---

[160] Vgl. *Klement, J.*, Kreditrisikohandel, 2007, S. 238–239.
[161] Vgl. *Banik, C.*, Anerkennung von Kreditsicherheiten, in: Kredit & Rating, Bd. 35, Nr. 2, 2009, S. 29.

von 0,35 und anschließender Addition der mit dem aufsichtlich vorgegebenen LGD multiplizierten unbesicherten Teil der Forderung (1-V/$V_Ü$). Liegt eine Vollbesicherung vor, dass heißt V>$V_Ü$, beträgt der effektive LGD 35 Prozent.[162]

$$\frac{hEK}{0{,}08 \times RWA} \geq 1 \qquad RWA = PD \times LGD \times EaD$$

$$LGD_{\text{eff. FIN}} = LGD \times (EaD_H - SI_H) / EaD$$

$$\begin{aligned}
&LGD_{\text{eff. FA}} = V/V_Ü \times 0{,}35 + (1 - V/V_Ü) \times 0{,}45 && \text{wenn } 0 < V \leq 1{,}25 \\
&LGD_{\text{eff. FA}} = 0{,}35 && \text{wenn } V > 1{,}25
\end{aligned}$$

$$\begin{aligned}
&LGD_{\text{eff. IM}} = V/V_Ü \times 0{,}35 + (1 - V/V_Ü) \times 0{,}45 && \text{wenn } 0{,}3 \leq V \leq 1{,}4 \\
&LGD_{\text{eff. IM}} = 0{,}35 && \text{wenn } V > 1{,}4 \\
&LGD_{\text{eff. IM}} = 0{,}45 && \text{wenn } V < 0{,}3
\end{aligned}$$

$$\begin{aligned}
&LGD_{\text{eff. SO}} = V/V_Ü \times 0{,}4 + (1 - V/V_Ü) \times 0{,}45 && \text{wenn } 0{,}3 \leq V \leq 1{,}4 \\
&LGD_{\text{eff. SO}} = 0{,}4 && \text{wenn } V > 1{,}4 \\
&LGD_{\text{eff. SO}} = 0{,}45 && \text{wenn } V < 0{,}3
\end{aligned}$$

$LGD_{\text{eff. FIN}}$ = effektiver LGD von finanziellen Sicherheiten
SI_H = um Haircuts bereinigte Marktwert der Sicherheit
EaD_H = um Haircuts bereinigte Forderungsbetrag
$LGD_{\text{eff. FA}}$ = effektiver LGD von Forderungsabtretungen
$LGD_{\text{eff. IM}}$ = effektiver LGD von Immobilien
$LGD_{\text{eff. SO}}$ = effektiver LGD von sonstigen IRBA-Sicherheiten
V = tatsächlicher Sicherungsgrad (SI/EaD)
$V_Ü$ = Übersicherungsgrad

Abbildung 15: Effektive LGD-Berechnung
Quelle: In Anlehnung an *Schulte-Mattler, H./Manns, T.*, Kreditrisikominderung, in: Handbuch Basel II, 2005, S. 48-50.

Bei Immobilien erfolgt eine analoge Berechnung zu der der Forderungsabtretungen, wobei jedoch im Vorfelde der Mindestbesicherungsgrad von 30 Prozent zu überprüfen ist. Wird dieser nicht erreicht, so wird der aufsichtlich vorgegebene LGD nicht angepasst. Zudem übersteigt $V_Ü$ mit 140 Prozent den Übersicherungsgrad der Forderungsabtretungen. Die effektive LGD-Berechnung der sonstigen IRBA-

---

[162] Vgl. *Klement, J.*, Kreditrisikohandel, 2007, S. 240.

Sicherheiten entspricht den der Immobilien, wobei lediglich die Mindest-LGD mit 40 Prozent abweicht.[163]

Ein konkretes Rechenbeispiel zur Kreditrisikominderung im IRB-Basisansatz wird unter Punkt 5.3 mit gleichzeitiger Einbeziehung von Marktwertveränderungen angeführt.

5.2.2.2 Fortgeschrittener IRB-Ansatz

Institute, die den fortgeschrittenen IRB-Ansatz anwenden und somit den LGD institutintern schätzen, dürfen auch im Rahmen der Kreditrisikominderung den Umfang der Sicherheitenanrechnung selbst schätzen, sofern sie folgende Berücksichtigungen in den Ermittlungsprozess mit einbeziehen:[164]

- Ein eventuell vorherrschender wirtschaftlicher Abschwung und die damit verbundenen Risiken,
- die Abhängigkeit zwischen dem Kreditnehmer und der Sicherheit bzw. dem Sicherungsgeber,
- die Schätzungen auf historischen Erlösquoten und nicht allein auf geschätzten Marktwerten beruhen,
- bestimmte Mindestbeobachtungsperioden eingehalten werden,[165]
- Währungskongruenzen konservativ behandelt werden und
- die potenzielle Unfähigkeit des Instituts, schnell Kontrolle über seine Sicherheiten zu erlangen und diese zu liquidieren.

Der letzt genannte Punkt zeigt einen wesentlichen Unterschied zur Anrechnung von Kreditsicherheiten im Standardansatz und im IRB-Basisansatz gegenüber dem fortgeschrittenen IRB-Ansatz. Dieser besteht darin, dass im fortgeschrittenen IRB-

---

[163] Vgl. *Klement, J.,* Kreditrisikohandel, 2007, S. 240.
[164] Vgl. *Bundesanstalt für Finanzdienstleistungsaufsicht,* Adressrisiken, http://www.bafin.de (30.06.2009 14:54 MEZ).
[165] Vgl. *Schulte-Mattler, H./Manns, T.,* Kreditrisikominderung, in: Becker, A./Gaulke, M./Wolf, M., Handbuch Basel II,
  2005, S. 51.

Ansatz zudem Sicherheiten berücksichtigt werden können, die weder zeitnah verwertbar noch durchsetzbar sind.[166]

Zusammenfassend ist zu sagen, dass im fortgeschrittenen IRB-Ansatz gegenüber dem IRB-Basisansatz die Möglichkeiten der LGD-Senkung durch instituteigene Schätzungen wesentlich vergrößert sind, als das im vorgegebenen Rahmen des Basisansatzes möglich wäre. Darin begründet sich erneut der Anreiz für Kreditinstitute ihre Verfahren weiter zu entwickeln, um den fortgeschrittenen IRB-Ansatz anwenden zu dürfen.

---

[166] Vgl. *Flach, J./Achtelik, O. C./Drexler, E.*, Anrechnung von Kreditsicherheiten, in: Achtelik, O. C./Drexler, E./
   Flach, J., Sicherheiten-Management, 2007, S. 282–283.

5.3 Auswirkungen von Marktwertveränderungen

Wie bereits gezeigt wurde, steht im Mittelpunkt der Kreditrisikominderung der Marktwert der Sicherheit. Wie sich Marktwertveränderungen auf die Anrechenbarkeit von Sicherheiten auswirken wird im Rahmen dieses Abschnittes anhand von Beispielen aufgezeigt. Die folgenden Beispiele beziehen sich auf die Anrechenbarkeit von Schiffen, wodurch nur der IRB-Basisansatz und der fortgeschrittene IRB-Ansatz herangezogen werden.

IRB-Basisansatz

Der Forderungsbetrag für ein finanziertes Schiff beträgt 20 Mio. Euro. Das Schiff hat einen Marktwert von 25 Mio. Euro, wodurch sich im Rahmen des IRB-Basisansatzes ein Besicherungsgrad von 125 Prozent (25/20) ergibt. Der aufsichtlich vorgegebene LGD liegt bei 45 Prozent. Die effektive LGD-Berechnung ergibt sicht gemäß Abbildung 16 wie folgt:

$$\begin{aligned}
LGD_{\text{eff. Schiff}} &= 1{,}25/1{,}4 \times 0{,}4 + (1-1{,}25/1{,}4) \times 0{,}45 \\
&= 0{,}357142 \quad + 0{,}048214 \\
&= 0{,}405357 \\
&\approx 40{,}54\ \%
\end{aligned}$$

Abbildung 16: Beispiel 1 effektive LGD-Berechnung vor Marktwertsenkung
Quelle: Eigene Berechnung.

Wird nun angenommen, dass der Marktwert des Schiffes um 40 Prozent auf 15 Mio. Euro fällt, folgt daraus ein neuer Besicherungsgrad von 75 Prozent, welcher weiterhin im zulässigen Annerkennungsbereich liegt. Abbildung 17 zeigt die Berechnung der effektiven LGD nach der Marktwertsenkung:

$$\begin{aligned}
LGD_{\text{eff. Schiff}} &= 0{,}75/1{,}4 \times 0{,}4 + (1-0{,}75/1{,}4) \times 0{,}45 \\
&= 0{,}214285 \quad + 0{,}208928 \\
&= 0{,}423214 \\
&\approx 42{,}32\ \%
\end{aligned}$$

Abbildung 17: Beispiel 1 effektive LGD-Berechnung nach Marktwertsenkung
Quelle: Eigene Berechnung.

Aus obigem Beispiel wird deutlich, dass eine, mit 40 Prozent hohe, Marktwertsenkung den LGD gerade mal um 1,78 Prozentpunkte erhöht. Bei einer Ausfallwahrscheinlichkeit von 5 Prozent würde sich die **Eigenkapitalunterlegung damit um 1.424 Euro erhöhen**, was einer Veränderung von 4,39 Prozent entsprechen würde.

Verwendet ein Unternehmen beispielsweise, aufgrund einer nachrangigen Forderung im Rahmen eines Konsortialgeschäftes, einen aufsichtlichen LGD von 75 Prozent, so ergibt sich die Rechnung ceteris paribus gemäß Abbildung 18 wie folgt:

$$\begin{aligned} LGD_{\text{eff. Schiff}} &= 1{,}25/1{,}4 \times 0{,}4 + (1-1{,}25/1{,}4) \times 0{,}75 \\ &= 0{,}357142 \quad + 0{,}080357 \\ &= 0{,}437499 \\ &\approx 43{,}75\ \% \end{aligned}$$

Abbildung 18: Beispiel 2 effektive LGD-Berechnung vor Marktwertsenkung
Quelle: Eigene Berechnung.

Nachfolgende Abbildung 19 zeigt die Berechnung der effektiven LGD nach der Marktwertsenkung um 40 Prozent.

$$\begin{aligned} LGD_{\text{eff. Schiff}} &= 0{,}75/1{,}4 \times 0{,}4 + (1-0{,}75/1{,}4) \times 0{,}75 \\ &= 0{,}214285 \quad + 0{,}348214 \\ &= 0{,}423214 \\ &\approx 56{,}25\ \% \end{aligned}$$

Abbildung 19: Beispiel 2 effektive LGD-Berechnung nach Marktwertsenkung
Quelle: Eigene Berechnung.

Bei der zweiten Beispielrechnung ergibt sich im Vergleich zur Ersten bereits ein wesentlich größerer Effekt durch die Marktwertveränderung. Die Differenz der beiden LGDs beträgt 12,5 Prozentpunkte, was fast dem Siebenfachen vom ersten Beispiel entspricht. Das zusätzlich zu **hinterlegende Eigenkapital beträgt 10.000 Euro und entspricht demnach einer Steigerung von 28,57 Prozent.**

An diesen beiden Beispielen lässt sich erkennen, dass mit steigendem aufsichtlich vorgegebenen LGD die durch Marktwertveränderungen ausgelösten Auswirkungen auf die Eigenkapitalhinterlegungspflicht stärker ausfallen und somit zu einem größeren Nachteil für die Banken führen. Es ist jedoch zu erwähnen, dass in der Realität bei einem Konsortialgeschäft der nachrangige Forderungsbetrag sowie der Sicherheitenwert geringer wären, als bei einem bilateralen Geschäft. Die Parameter sind also lediglich aus Gründen der Vergleichbarkeit identisch mit dem ersten Beispiel.

Fortgeschrittener IRB-Ansatz

Da Institute beim fortgeschrittenen IRB-Ansatz ihre eigenen Messverfahren entwickeln liegt die Schwierigkeit, das Ausmaß von Marktwertveränderungen auf das Eigenkapital zu messen, in den fehlenden Berechnungsmethoden. Durch eine Anfrage beim Sicherheitenmanagement der KfW IPEX-Bank stellte sich heraus, dass es sich bei der LGD-Berechnung im fortgeschrittenen Ansatz um hoch komplexe mathematische Formeln handelt, die nach Außen hin vertraulich behandelt werden.[167] Aus diesem Grunde kann an dieser Stelle kein, auf realen Grundlagen basierendes Beispiel angeführt werden. Um aber trotzdem einen gewissen Effekt aufzeigen zu können, wird folgende, eigens erstellte Beispielrechnung angeführt, welche sich an die vorherigen Ansätze anlehnt. Abbildung 20 zeigt die grundlegende Berechnungsformel:

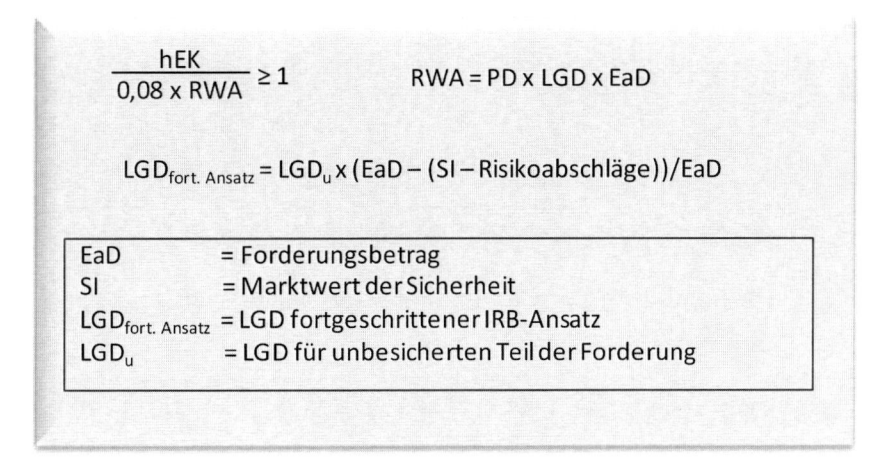

$$\frac{hEK}{0{,}08 \times RWA} \geq 1 \qquad RWA = PD \times LGD \times EaD$$

$$LGD_{\text{fort. Ansatz}} = LGD_u \times (EaD - (SI - \text{Risikoabschläge}))/EaD$$

EaD	= Forderungsbetrag
SI	= Marktwert der Sicherheit
$LGD_{\text{fort. Ansatz}}$	= LGD fortgeschrittener IRB-Ansatz
LGD_u	= LGD für unbesicherten Teil der Forderung

Abbildung 20: LGD-Berechnung im fortgeschrittenen IRB-Ansatz
Quelle: Eigener Formelansatz.

---

[167] Telefonat mit Herrn v. Wallmoden, Sicherheitenmanagement, KfW IPEX-Bank GmbH vom 21. August 2009.

Der in Abbildung 20 hergeleiteten Formel liegt der Gedanke zugrunde, dass der LGD um den Wert der Sicherheit reduziert wird. Der LGD für den unbesicherten EaD wird hierbei wie in dem obigen Beispiel mit 75 Prozent angesetzt. Um den Marktwert der Sicherheit anrechnen zu können, wird dieser zunächst um die in Kapitel 2 beschriebenen Risikoabschläge gemindert. Der daraus folgende anzusetzende Wert der Sicherheit wird vom Forderungsbetrag (EaD) subtrahiert. Im Anschluss daran wird dieser unbesicherte Teil der Forderung ins Verhältnis zum gesamten Forderungsbetrag gesetzt und ergibt somit den prozentualen Anteil des unbesicherten Teils am Gesamtbetrag. Abschließend wird dieser mit dem LGD für den unbesicherten Teil multipliziert, wodurch sich eine Senkung des LGDs für den fortgeschrittenen Ansatz ($LGD_{fort.\ Ansatz}$) ergibt.

Um die Auswirkungen von Marktwertveränderungen anhand der in Abbildung 20 dargestellten Formel aufzuzeigen, wird erneut ein Beispiel angeführt, welches die im IRB-Basisansatz gewählten Parameter aufgreift. Es ist anzumerken, dass mit einem Risikoabschlag von 20 Prozent des Marktwertes gerechnet wird. Der LGD vor der Marktwertsenkung des Schiffes ergibt sich gemäß Abbildung 21 wie folgt:

$$LGD_{fort.\ Ansatz} = 0{,}75 \times (20\ \text{Mio.} - (25\ \text{Mio.} - 5\ \text{Mio.}))/20\ \text{Mio}$$
$$= 0{,}00\ \%$$

Abbildung 21: LGD-Berechnung im fortgeschrittenen IRB-Ansatz vor Marktwertsenkung
Quelle: Eigene Berechnung.

Laut Abbildung 21 ergibt sich somit im Rahmen des Kreditrisikos keine Eigenkapitalhinterlegungspflicht für dieses Engagement, da eine Vollbesicherung des Forderungsbetrages vorliegt. Abbildung 22 zeigt zum Vergleich nun die LGD-Berechnung nach der Marktwertsenkung des Schiffes um 40 Prozent.

$$LGD_{fort.\ Ansatz} = 0{,}75 \times (20\ \text{Mio.} - (15\ \text{Mio.} - 3\ \text{Mio.}))/20\ \text{Mio.}$$
$$= 30{,}00\ \%$$

Abbildung 22: LGD-Berechnung im fortgeschrittenen IRB-Ansatz nach Marktwertsenkung
Quelle: Eigene Berechnung.

Der LGD nach der Marktwertsenkung beträgt 30 Prozent und somit entspricht die RWA, bei einer Ausfallwahrscheinlichkeit von weiterhin fünf Prozent, 300.000 Euro. Dies führt zu einer **Eigenkapitalhinterlegungspflicht von 24.000 Euro**. Die zusätzliche Eigenkapitalbelastung in diesem Beispiel ist demnach fast um das Zweieinhalbfache größer als die aus den Berechnungen beim IRB-Basisansatz mit gleicher aufsichtlicher LGD von 75 Prozent.

Abschließend ist zusammenzufassen, dass der Sinn der Sicherheitenanrechnung in der Senkung der LGD liegt und somit in der Minderung der Eigenkapitalhinterlegung. Marktwertveränderungen, wie die hier angeführten Marktwertsenkungen, führen jedoch sowohl im IRB-Basisansatz als auch im fortgeschrittenen IRB-Ansatz zu einer LGD-Steigerung. Den Zusammenhang zwischen der Höhe des LGDs und dem benötigtem Eigenkapital zeigt folgende Abbildung 23.

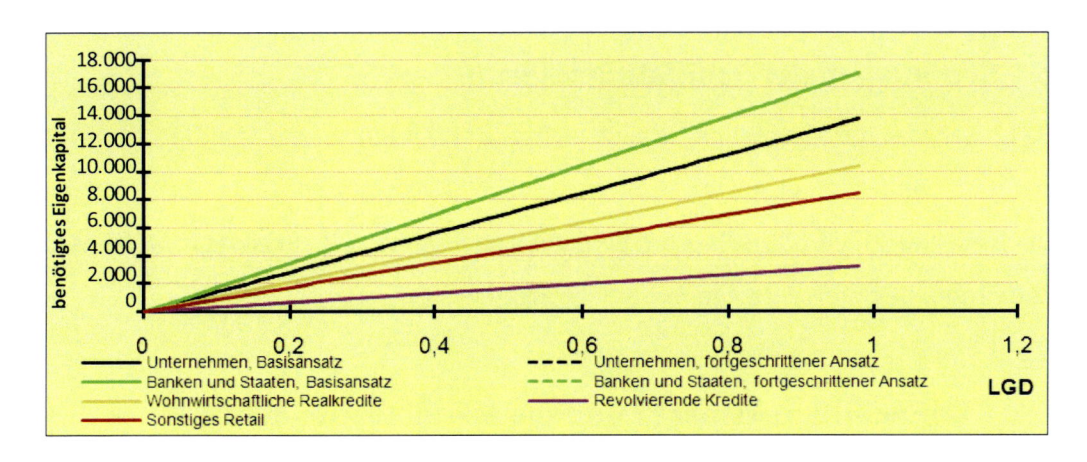

Abbildung 23: Verhältnis LGD zu Eigenkapital
Quelle: *Wilkens, M.*, Unterlegung Kreditrisiko, www.wertpapiermanagement.de (21.08.2009 18:26 MEZ).

6 Die Finanzmarktkrise und ihre Auswirkungen auf das Eigenkapital schiffsfinanzierender Banken

Ziel dieses Kapitels ist es, die in den vorherigen Kapiteln hergeleiteten Informationen zu Kreditsicherheiten, der Eigenkapitalhinterlegungspflicht von Banken und die Möglichkeiten der Kreditrisikominderung, auf die durch die Finanzmarktkrise hervorgerufenen Wertveränderungen der Schiffswerte zu projizieren. Zu diesem Zweck werden zu Beginn grundlegende Informationen zum Schifffahrtsmarkt sowie zur Schiffsfinanzierung angeführt. Zentraler Gegenstand des ersten Abschnittes liegt jedoch in der Bewertung von Schiffen, da, wie bereits aufgezeigt wurde, der anzusetzende Wert der Sicherheit maßgeblich für die Minderung des Kreditrisikos ist und dementsprechend Einfluss auf die Eigenkapitalhinterlegungspflicht hat. Im zweiten Teil wird auf die Finanzmarktkrise und ihre Auswirkungen auf die Schiffswerte sowie die Eigenkapitalhinterlegungspflicht schiffsfinanzierender Banken eingegangen.

6.1 Grundlagen der Schiffsfinanzierung

Da im Rahmen dieses Abschnittes viele fachspezifische Wörter der Schifffahrtsbranche genutzt werden und eine Definition aller innerhalb des Textes zu einer Unüberschaubarkeit führen würde, befindet sich in Anhang B ein Glossar, welches bei Bedarf zum besseren Verständnis herangezogen werden kann.

6.1.1 Der Schifffahrtsmarkt und die Schiffsfinanzierung

Die unglaubliche Größe des Schifffahrtsmarktes kann insbesondere daran festgemacht werden, dass circa 90 Prozent des interkontinentalen und 62 Prozent des innereuropäischen Handels über den Seetransport abgewickelt werden. Hierbei wird die Schifffahrtsbranche durch weltweiten Wettbewerb, hohe Markttransparenz und enorme Zyklizität charakterisiert. Die Erfolgsfaktoren dieser Branche stellen unter anderem die im Vergleich zu alternativen Transportmethoden günstigen Frachtraten (s. Glossar) sowie die Containerisierung hochwertiger Ladungsströme dar. Zu den alternativen Transportmethoden zählen unter anderem die Flugfracht, LKW- und

Bahntransport sowie Pipelines. Ohne eine Subventionierung dieser Transportmethoden stellen sie jedoch lediglich eine Alternative für Strecken von wenigen hundert Kilometern dar.[168]

Infolge der bereits eingetretenen Krisen in der Schifffahrtsbranche, wie beispielsweise den Ölkrisen 1973 und 1982, der Fernostkrise 1997 sowie dem 11. September 2001, entwickelte sich die Seeschifffahrt seit 2003 außerordentlich gut. Hierzu trugen insbesondere die in Fernost wachsende Weltwirtschaft sowie die zunehmende Verflechtung der Volkswirtschaften und die damit einhergehende Zunahme des Welthandelsvolumens bei. Die Schifffahrtsbranche befand sich vor Beginn der Finanzmarktkrise 2008 aufgrund des „China-Booms" bereits seit fünf Jahren auf einem 30-Jahres-Hoch.[169] Die Folgen des Hochs waren steigende Charter- und Frachtraten (s. Glossar) in den drei maßgeblichen Segmenten Containerschiffe, Tanker (s. Glossar) und Bulk-Carrier (s. Glossar), welche zusammen rund 85 Prozent der Welthandelsflotte ausmachen.[170] Hinzu kommen unter anderem Gas- und Chemikalientanker, Car Carrier, Fähr- und Kreuzfahrtschiffe, Kühlschiffe sowie diverse, zum Teil hoch spezialisierte Schiffstypen, welche in Nischen operieren.[171]

Die gute Ertragslage sowie die positiven Beschäftigungsperspektiven führten insbesondere in 2007 zu enormen Investitionen der Reedereien (s. Glossar) in neue Schiffe.[172] Eine Konsequenz daraus war zudem ein weltweiter Aufschwung in der Schiffsbauindustrie.[173] Die Werftenbranche (s. Glossar) verhält sich demnach ebenso zyklisch wie die Schifffahrtsbranche, welche wiederum parallel zur Weltwirtschaftsentwicklung verläuft. Der Schiffsbau ist im Vergleich zu anderen Branchen

---

[168] Vgl. *Plankar, M.*, Schifffahrtsbranche, in: Everling, O./Theodore, S. S., Bankrisikomanagement, 2008, S. 327–334.
[169] Vgl. *Plankar, M.*, Schifffahrtsbranche, in: Everling, O./Theodore, S. S., Bankrisikomanagement, 2008, S. 328–333.
[170] Vgl. *Winter, H./Hennig, C./Gerhard, M.*, Schiffsfinanzierung Bd. 1, 2008, S. III.
[171] Vgl. *Höpfner, K.-U.*, Strategisches Geschäftsfeld Schiffsfinanzierung, in: Winter, H./Hennig, C./Gerhard, M.,
    Schiffsfinanzierung Bd. 1, 2008, S. 10.
[172] Vgl. *ISL*, Shipping Statistics Nr. 1/2, 2009, S. 69.
[173] Vgl. *Winter, H./Hennig, C./Gerhard, M.*, Schiffsfinanzierung Bd. 1, 2008, S. III.

eine reife Industrie ohne großen technischen Wandel. Veränderungen, wie beispielsweise der Umbau der Tankflotten von Ein- auf Doppelhülle (s. Glossar) oder der teilweise Ersatz von Stückgutfrachtern durch Containerschiffe, vollzogen sich grundsätzlich über lange Zeiträume. Eine Ausnahme stellt hierbei der Ersatz des Turbinenantriebs durch den Dieselantrieb dar, welcher aufgrund der hohen Ölpreise in den 1980er Jahren vorgenommen wurde.[174]

Die Verbindung von Schifffahrt und Finanzwelt liegt in der Schiffsfinanzierung. Die Anzahl der in der Schiffsfinanzierung aktiven Banken und deren Kreditvergabe unterliegen, aufgrund einer gewissen Abhängigkeit, ähnlichen Zyklen wie die der Schifffahrtsbranche.[175]

Der Kern der bankbetrieblichen Schiffsfinanzierung ist die Bereitstellung von Fremdkapital zur Finanzierung von Investitionen in Handelsschiffe. Das zu finanzierende Schiff stellt hierbei einen renditeorientierten Vermögensgegenstand dar, welcher sich durch die Chartereinnahmen selbst amortisiert. Jede Schiffsfinanzierung stellt isoliert betrachtet zunächst eine in sich geschlossene Projektfinanzierung dar. Unter dem Begriff der Schiffsfinanzierung fallen unter anderem die Bauzeitfinanzierung, die Langfrist- oder Endfinanzierung, die Erwerbsfinanzierung, die Vor- und Zwischenfinanzierung von Eigenkapitalanteilen sowie die Betriebsmittelfinanzierung.[176]

Durch den Boom der Schifffahrtsbranche in den letzten Jahren verbreitete sich vermehrt auch unter deutschen Banken die Lukrativität dieses Sektors.[177] Mittlerweile umfasst der Marktanteil der deutschen schiffsfinanzierenden Banken 50 Prozent,

---

[174] Vgl. *Plankar, M.*, Schifffahrtsbranche, in: Everling, O./Theodore, S. S., Bankrisikomanagement, 2008, S. 334–335.
[175] Vgl. *Plankar, M.*, Schifffahrtsbranche, in: Everling, O./Theodore, S. S., Bankrisikomanagement, 2008, S. 334.
[176] Vgl. *Höpfner, K.-U.*, Strategisches Geschäftsfeld Schiffsfinanzierung, in: Winter, H./Hennig, C./Gerhard, M.,
    Schiffsfinanzierung Bd. 1, 2008, S. 5.
[177] Vgl. *Winter, H./Hennig, C./Gerhard, M.*, Schiffsfinanzierung Bd. 1, 2008, S. III.

wobei die HSH-Nordbank dabei das größte Schiffsfinanzierungsinstitut der Welt ist. Neben der HSH-Nordbank gehören unter anderem die KfW IPEX-Bank, die Nord/LB, die Deutsche Schiffsbank AG, die DVB Bank sowie die Commerzbank und die HypoVereinsbank zu den Starken der Branche.[178] Zum 31.12.2007 entsprach das Kreditvolumen der gesamten Branche 92.862 Mio. Euro. Die Marktanteile der schiffsfinanzierenden Banken auf dieses Kreditvolumen berechnet sind der folgenden Abbildung 24 zu entnehmen.[179]

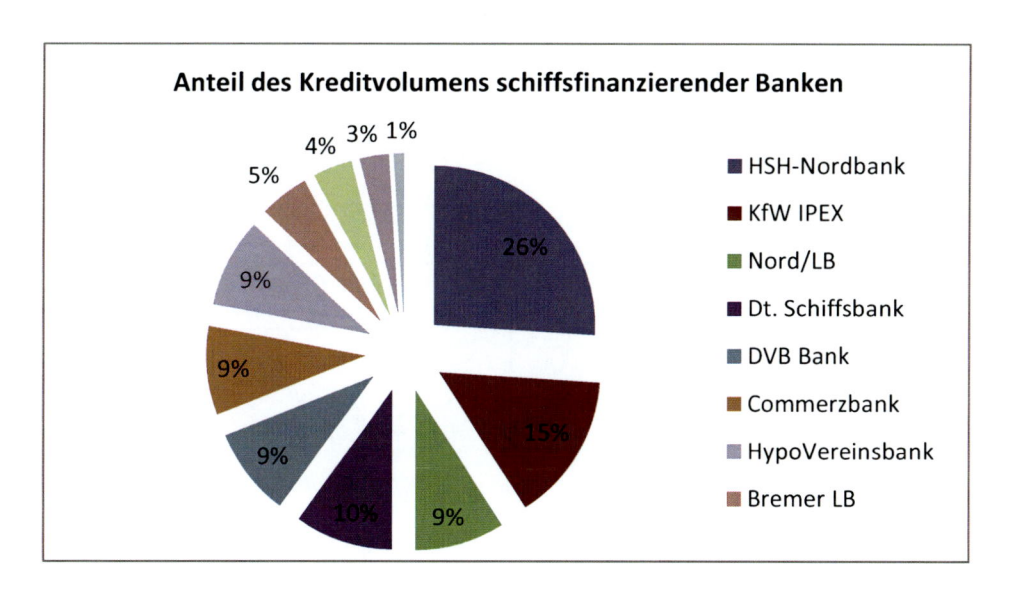

Abbildung 24: Anteil des Kreditvolumens schiffsfinanzierender Banken
Quelle: In Anlehnung an *Menze, A.*, Schiffsfinanzierung nach dem Credit Crunch, in: HANSA International Maritime Journal , Nr. 8, 2008, S. 96.

Das Hauptrisiko der Schiffsfinanzierung liegt in der enormen Zyklizität der Schifffahrtsbranche. Auf der einen Seite befindet sich das zyklische Angebot an Schiffen, also das Kapazitätsangebot, und auf der anderen Seite die Nachfragen nach

---

[178] Vgl. *Plankar, M.*, Schifffahrtsbranche, in: Everling, O./Theodore, S. S., Bankrisikomanagement, 2008, S. 329.
[179] Vgl. *Menze, A.*, Schiffsfinanzierung nach dem Credit Crunch, in: HANSA International Maritime Journal, Bd. 145,
    Nr. 8, 2008, S. 96.

Schiffsraum, also nach Transportmöglichkeiten. Aus der Kombination dieser beiden Zyklen ergeben sich die in Abbildung 25 dargestellten vier Szenarien.[180]

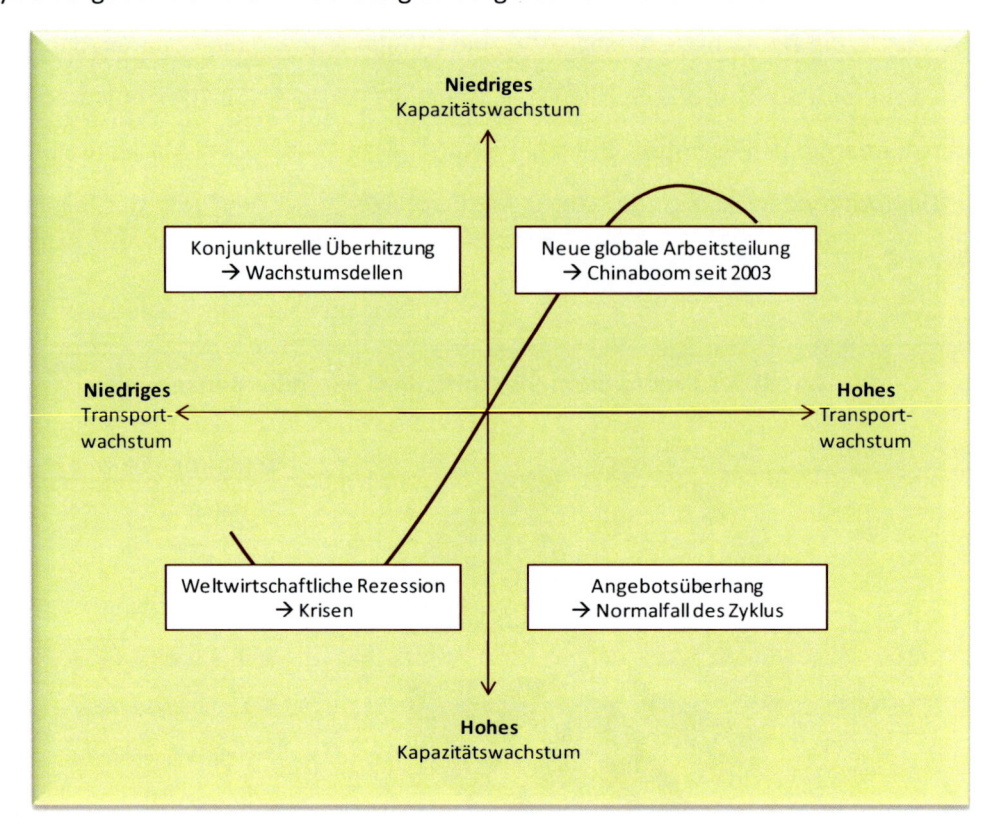

Abbildung 25: Zyklischer Fracht- und Schiffsmarkt
Quelle: In Anlehnung an *Plankar, M.*, Schifffahrtsbranche, in: Bankrisikomanagement, 2008, S. 336.

Der „Normalfall des Zyklus" (s. unten links) tritt am häufigsten auf und entsteht durch den Neubau von Schiffen, wodurch zeitweise eine gewisse Überkapazität vorliegt, die bei stetiger Nachfrage jedoch innerhalb von ein bis zwei Jahren absorbiert wird. Nach dem gleichen Muster werden umgekehrt auch kurzzeitige Nachfragerückgänge, wie zum Beispiel die der Fernostkrise 1997 oder des 11. September 2001 überwunden. Zu Krisen kommt es, wenn die Transportnachfrage zurückgeht, jedoch weiterhin die Schiffsflotten, durch beispielsweise bereits georderte Schiffe, vergrößert werden. Jeder Zyklus dauert erfahrungsgemäß sieben bis elf Jahre. Um als schiffsfinanzierende Bank, den Markt und evtl. Zyklusänderungen einschätzen zu können, gibt es diverse Anbieter

---

[180] Vgl. *Plankar, M.*, Schifffahrtsbranche, in: Everling, O./Theodore, S. S., Bankrisikomanagement, 2008, S. 335.

von Marktberichten, wie beispielsweise das Institut für Seeverkehrswirtschaft und Logistik (ISL), Clarkson, Drewry, Howe Robinson, Fearnly und Marsoft. Schifffahrtsmärkte sind jedoch aufgrund ihrer Vielzahl von Einflussfaktoren schwer zu prognostizieren.[181]

Abschließend ist zu sagen, dass die Schifffahrtsbranche aufgrund ihrer hohen Sensitivität zu makroökonomischen Faktoren, der hohen Kapitalintensität sowie den niedrigen Eintritts- und hohen Austrittsbarrieren, verbunden mit dem großem Wettbewerb zwischen den Reedereien in einem weltweiten Markt, von den internationalen Ratingagenturen als „spekulativ" eingeschätzt wird und somit eine regelmäßige Marktbeobachtung unabdingbar ist.[182]

6.1.2 Bewertung von Schiffen

Für die Erwerbsfinanzierung eines Schiffes dient klassischerweise das Schiffshypothekendarlehen, bei welchem im Mittelpunkt der Besicherung das Schiff selbst steht. Die Chartereinnahmen dienen in der Regel für die Zurückführung des Krediktes, wobei die Rechte und Ansprüche der Chartereinnahmen normalerweise neben dem Schiff der Bank als Sicherheit abgetreten werden.[183] Wie bereits die vorherigen Kapitel gezeigt haben, muss im Rahmen der Kreditrisikominderung der anzusetzende Wert des Schiffes ermittelt werden, also eine Schiffsbewertung durchgeführt werden. In Kapitel 2 wurden bereits die Grundlagen der Bewertung von dinglichen Kreditsicherheiten aufgezeigt, aus welchem Grunde sich dieser Abschnitt nur auf die Besonderheiten der Bewertung von Schiffen bezieht.

---

[181] Vgl. *Plankar, M.*, Schifffahrtsbranche, in: Everling, O./Theodore, S. S., Bankrisikomanagement, 2008, S. 335.
[182] Vgl. *Plankar, M.*, Schifffahrtsbranche, in: Everling, O./Theodore, S. S., Bankrisikomanagement, 2008, S. 335.
[183] Vgl. *Henning, C.*, Schiffshypothekendarlehens, in: Winter, H./Hennig, C./Gerhard, M., Schiffsfinanzierung Bd. 1,
    2008, S. 489–509.

Die Wertermittlung von Schiffen, die sich im Sicherheitenbestand einer schiffsfinanzierenden Bank befinden, erfolgt auf Grund der hohen Komplexität durch externe Schiffsschätzer, die über angemessenes technisches Verständnis und jahrelange Erfahrung verfügen sowie eine permanente Marktbeobachtung durchführen. Hierbei ist hervorzuheben, dass der Marktwert keine mathematisch genau ermittelbare Größe ist, sondern es sich lediglich um Schätzungen des Gutachters handelt, welche durchaus von denen eines anderen Gutachters abweichen können.[184]

Der Marktwert eines Schiffes definiert sich abweichend zur allgemeinen Marktwertdefinition wie folgt:

„Der Marktwert soll den Preis bezeichnen, zu welchem ein Schiff von einem verkaufsbereiten Verkäufer an einen unabhängigen Käufer am Tage der Bewertung verkauft werden könnte, wobei die Annahme zugrunde gelegt wird, dass das Schiff öffentlich auf dem Markt angeboten wird, dass die Marktbedingungen eine ordnungsgemäße Veräußerung ermöglichen und dass für die Aushandlung des Verkaufs ein im Hinblick auf die Art des Schiffes normaler Zeitraum zu Verfügung steht."[185]

Bei der Schiffsbewertung lassen sich die Preise für Gebrauchtschiffe und die für Neubauobjekte unterscheiden. Hierbei verhalten sich die Preise auf dem Sekundärmarkt aufgrund ihrer sofortigen Verfügbarkeit zyklischer als die von Neubauschiffen. In extremen Boom-Situationen kann es sogar vorkommen, dass die Preise für Gebrauchtschiffe die der Neubauschiffe übersteigen.[186]

Im Folgenden wird auf die wertbeeinflussenden Faktoren im Rahmen der Schiffsbewertung eingegangen und im Anschluss daran werden die zulässigen Wertermittlungsverfahren erläutert.

---

[184] Vgl. *Holst, B.*, Bewertung von Schiffen, in: Winter, H./Hennig, C./Gerhard, M., Schiffsfinanzierung Bd. 1,
    2008, S. 298–313.
[185] *Holst, B.*, Bewertung von Schiffen, in: Winter, H./Hennig, C./Gerhard, M., Schiffsfinanzierung Bd. 1, 2008, S. 311.
[186] Vgl. *Plankar, M.*, Schifffahrtsbranche, in: Everling, O./Theodore, S. S., Bankrisikomanagement, 2008, S. 335.

6.1.2.1 Wertbeeinflussende Faktoren

Die Komplexität der Schiffsbewertung folgt nicht zuletzt aus der Vielzahl der wertbeeinflussenden Faktoren. Im Rahmen dieses Abschnittes wird auf die wesentlichen Einflussfaktoren des Marktwertes und somit des Verkaufspreises von Schiffen eingegangen, welcher die Basis für die Beleihungswertermittlung von Kreditinstituten darstellt. Bei den wertbeeinflussenden Faktoren sind solche zu unterscheiden, die variabel sind, wie beispielsweise Angebot und Nachfrage im Rahmen des Preismechanismus und solche, die fix vorgegeben sind, wie zum Beispiel die Schiffsgröße.

Wie bereits in Kapitel 2 aufgezeigt wurde, ergibt sich der Preis eines Vermögensgegenstandes durch den Preismechanismus von Angebot und Nachfrage. Folgende Abbildung 26 zeigt die Einflussfaktoren des Transportangebots und der -nachfrage.

Transportangebot
Bestehende Flotte
- Combischiffe
Bestellungen
- Werftkapazität
- prognostizierte Bestellungen
Flottenproduktivität
- Geschwindigkeit
- Liege- und Wartezeiten
Verschrottungen
- Altersstruktur
- gesetzliche Anforderungen

Transportnachfrage
Wirtschaftswachstum
- Importregionen
- Energieverbrauch
- Rohöl, Ölprodukte
- Verstromungskohle
- Flüssiggas
- Erz-/Koks-/Stahlverbauch
- Minor Bulks (Getreide, ...)
- Konsumgüternachfrage
Exportregionen/Routen

→ Auslastungsgrad der Flotte → Höhe der Charterraten

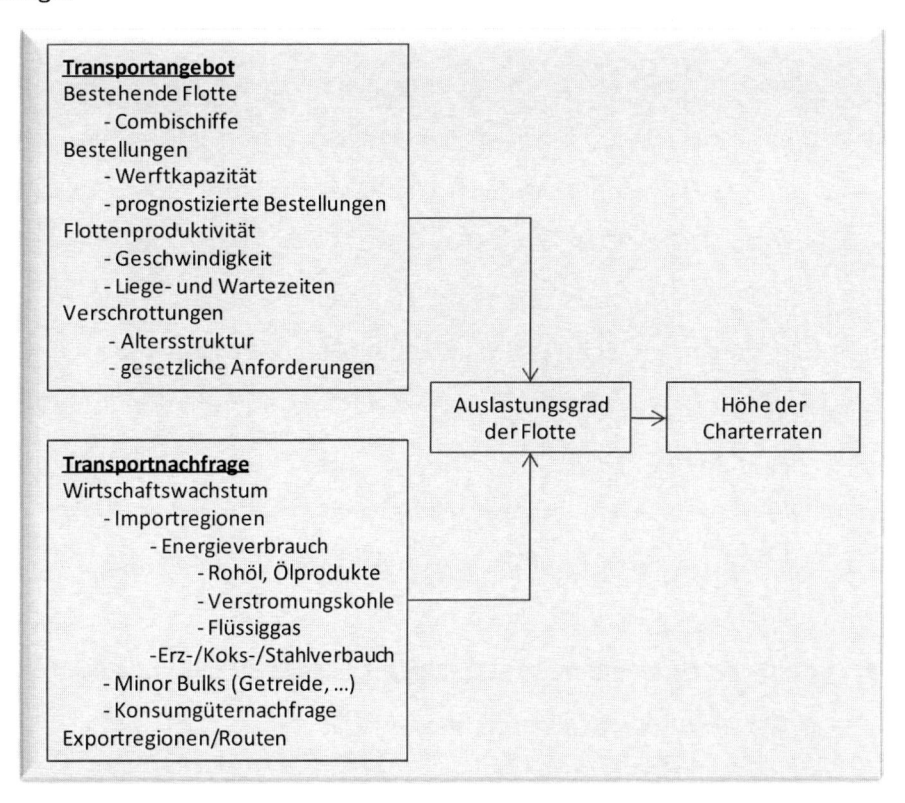

Abbildung 26: Bildung der Charterraten durch Transportangebot und -nachfrage
Quelle: In Anlehnung an *Plankar, M.*, Schifffahrtsbranche, in: Bankrisikomanagement, 2008, S. 337.

Wie obige Abbildung veranschaulicht, resultiert die Höhe der Charterraten eines Schiffes aus dem Auslastungsgrad der Schiffsflotten und somit auf Angebot und Nachfrage. **Die Marktwertermittlung von Schiffen erfolgt grundsätzlich ohne Einbeziehung von Charterraten.** Der gesamte Chartermarkt wirkt sich jedoch erheblich auf die Wertentwicklung, insbesondere von Gebrauchtschiffen, aus. Entwickelt sich beispielsweise der Chartermarkt negativ, so wird sich dies mit einer Zeitverzögerung von drei bis sechs Monaten entsprechend negativ auf die Schiffswerte auswirken. Neubaupreise hingegen beruhen hauptsächlich auf den anfallenden Kosten des Baus. Des Weiteren werden Schiffsbestellungen sowie die Flottenproduktivität, welche unter das Transportangebot fallen, in erster Linie durch die Erwartungen über zukünftige Entwicklungen beeinflusst. Somit haben schon die Erwartungshaltungen der Reedereien oder Charter großen Einfluss auf die Wertentwicklung von Schiffen.[187]

Wie bereits im vorherigen Abschnitt erwähnt wurde, verhält sich der Schifffahrtsmarkt parallel zur Weltwirtschaftentwicklung. Dieser Aspekt findet sich in der Abbildung 26 unter der Transportnachfrage wieder. Daraus folgt, dass sich Konjunkturschwankungen direkt auf den Auslastungsgrad auswirken und somit über die Charterraten auch auf die Schiffswerte. Es kann hierbei von einer Art Reaktionskette gesprochen werden. Zeichnet sich beispielsweise ein Konjunkturabschwung ab, so könnten auf der einen Seite Rückgänge im Im- und Export die Transportnachfrage verringern und auf der anderen Seite durch die Erwartungen der Reedereien und Charter, die Aufträge für Neubauschiffe zurückgehen sowie beispielsweise die Geschwindigkeit der Schiffe reduziert werden, um das Transportangebot zu verknappen. Zusammen führt dies zu einem geringeren Auslastungsgrad, dieser wiederum zu niedrigeren Charterraten, was sich letzten Endes in fallenden Schiffsmarktwerten widerspiegelt. Hierbei ist jedoch eine Unterscheidung in die Teilmärkte Bulk-Carrier, Tanker, Containerschiffe und Mehrzweckschiffe vorzunehmen, da beispielsweise ein Rückgang der Konsumgüternachfrage sich vergleichsweise stärker auf den Containerschiffs-Markt

---

[187] Vgl. *Holst, B.*, Bewertung von Schiffen, in: Winter, H./Hennig, C./Gerhard, M. Schiffsfinanzierung Bd. 1,
   2008, S. 302–307.

auswirkt, als auf den Tanker-Markt. Des Weiteren haben das Alter, der Zustand und die Größe eines Schiffes großen Einfluss auf dessen Marktwert. Hierbei stehen Alter und Zustand in direkter Abhängigkeit zueinander, da je älter ein Schiff ist, desto mehr hängt sein Wert davon ab, in welchem Zustand es sich befindet. Werden Schiffsbewertungen ohne eine Besichtigung des jeweiligen Objektes durchgeführt, so wird davon ausgegangen, dass das Schiff in einem für sein Alter vergleichsweise guten Zustand ist. Bis zu einem Alter von ca. fünf Jahren, kann davon ausgegangen werden, dass der Zustand eines Schiffes verhältnismäßig gut ist. Sollte jedoch das Alter 10 Jahre übersteigen, so empfiehlt sich eine Besichtigung vor Ort, da bereits wesentliche wertbeeinflussende Mängel vorliegen können. Die Größe eines Schiffes, dass heißt wie viel Tonnage (s. Glossar) es umfasst, hat verständlicherweise auch einen großen Einfluss auf deren Wert. Die Ertragskraft eines Schiffes hängt unmittelbar von seiner Größe und der dementsprechenden Transportfähigkeit ab, was als wesentlicher Einflussfaktor für den Schiffswert gesehen wird. Des Weiteren ist in einem größeren Schiff auch wesentlich mehr Material verbaut, als in einem kleineren, was sich im Investitionswert niederschlägt, welcher als Größenordnung für den späteren Marktwert angesehen werden kann.[188]

6.1.2.2 Wertermittlungsverfahren

Nachdem im vorherigen Abschnitt auf die wesentlichen wertbeeinflussenden Faktoren eingegangen wurde, finden in diesem Teil Ausführungen zu den normierten Wertermittlungsverfahren im Rahmen der Schiffsbewertung statt. Hierbei werden das Vergleichswertverfahren, das Sachwertverfahren und das Ertragswertverfahren unterschieden.

Zur Bewertung von Schiffen wird in der Regel das *Vergleichswertverfahren* herangezogen. Bei diesem Verfahren wird davon ausgegangen, dass der Marktwert eines Schiffes von den realisierten Kaufpreisen vergleichbarer Schiffe abgeleitet

---

[188] Vgl. *Holst, B.*, Bewertung von Schiffen, in: Winter, H./Hennig, C./Gerhard, M. Schiffsfinanzierung Bd. 1,
   2008, S. 302–308.

werden kann. Hierbei sollten Kriterien wie Schiffstyp, Schiffsgröße, Alter, Ausrüstung, Bauart etc. übereinstimmen. Da eine genaue Übereinstimmung der Schiffscharakteristika extrem selten ist, werden Abweichungen durch Zu- oder Abschläge berücksichtigt. Des Weiteren müssen die Anzahl der verglichenen Schiffe sowie der Zeitraum zwischen Kaufpreisvereinbarung und Bewertungsstichtag angemessen sein. Hierbei hängt die Angemessenheit vom Einzelfall ab, wodurch keine allgemeingültige Definition vorhanden ist. Abschließend ist zu erwähnen, dass die vorliegenden Verkaufspreise nicht einfach übernommen werden können, sondern im Vorfeld eine Überprüfung durchzuführen ist, ob der Vergangenheitswert zum Zeitpunkt des Bewertungsstichtages noch realisierbar ist.[189]

Das **Sachwertverfahren** bzw. die Substanzwertmethode wird angewendet, wenn es für die zu bewertenden Schiffe nahezu keinen Markt gibt und somit ein unmittelbares Vergleichsobjekt nicht zur Verfügung steht. Dies ist insbesondere bei Spezialschiffen, wie zum Beispiel Yachten, der Fall. Im Rahmen dieses Verfahrens werden die Einzelteile des Schiffes separat bewertet, wobei die Marktpreise der jeweiligen Teile zugrunde gelegt werden. Abschließend ergibt die Summe der einzelnen Marktpreise den Substanzwert des Schiffes.[190]

Im Rahmen des **Ertragswertverfahrens** findet eine Bewertung der Schiffe unter Einbeziehung der Charterraten, also der zukünftigen Erträge, statt. Der Marktpreis ergibt sich hierbei aus der Frage, wie teuer ein Schiff sein darf, um durch die zukünftigen Gewinne eine angemessene Verzinsung des investierten Kapitals zu erlangen. Im Mittelpunkt der Wertermittlung steht somit die Ertragskraft des Schiffes. Die Anwendung des Ertragswertverfahrens im Rahmen der Schiffsbewertung ist jedoch

---

[189] Vgl. *Holst, B.,* Bewertung von Schiffen, in: Winter, H./Hennig, C./Gerhard, M., Schiffsfinanzierung Bd. 1,
   2008, S. 320–321.
[190] Vgl. *Holst, B.,* Bewertung von Schiffen, in: Winter, H./Hennig, C./Gerhard, M., Schiffsfinanzierung Bd. 1,
   2008, S. 320–322.

relativ selten, da der Chartermarkt großen Schwankungen unterliegt und somit es nicht sinnvoll erscheint eine solche volatile Größe zu Grunde zu legen.[191]

Abschließend bleibt zu sagen, dass die Meinungen über die Bewertungsverfahren in der Praxis auseinander gehen. So ist beispielsweise für die Commerzbank die wesentlich bewertbare Sicherheit das Schiffs selbst, wobei die HSH-Nordbank die Meinung vertritt, dass langfristige Chartern auch in einem schwierigen Marktumfeld einen konstanten Cash-Flow und somit die Deckung des Kapitaldienstes sichern.[192]

---

[191] Vgl. *Holst, B.*, Bewertung von Schiffen, in: Winter, H./Hennig, C./Gerhard, M., Schiffsfinanzierung Bd. 1,
   2008, S. 322.
[192] Vgl. *Menze, A.*, Schiffsfinanzierung nach dem Credit Crunch, in: HANSA International Maritime Journal, Bd. 145,
   Nr. 8, 2008, S. 106.

6.2 Die Finanzmarktkrise und ihre Auswirkungen

Dieser Abschnitt thematisiert die Finanzmarktkrise und ihre Auswirkungen auf die Schiffswerte sowie schiffsfinanzierende Banken. Zu Beginn wird auf die Hintergründe der Finanzmarktkrise eingegangen, bevor im Anschluss daran die Auswirkungen der Krise erläutert werden. Im Rahmen der Ausführungen zu den schiffsfinanzierenden Banken wird anhand der HSH-Nordbank beispielhaft auf die Auswirkungen der Schiffswerte auf die Eigenkapitalhinterlegungspflicht eingegangen.

6.2.1 Hintergründe der Finanzmarktkrise

Die Anfänge der US-Immobilienkrise lagen bereits am Anfang des 20Jahrhunderts. Aufgrund des Anschlages auf das World Trade Centre am 11. September 2002 und der daraus folgenden Konjunkturschwäche in den USA, lockerte die amerikanische Zentralbank (Federal Reserve, Fed) ihre Zinspolitik.[193] Niedrigere Zinsen führen dazu, dass Geschäftsbanken den Endverbrauchern günstiger Geld leihen können und diese somit eher bereit sind einen Kredit aufzunehmen. Der Konsum dieser Gelder kurbelt dann wiederum die Wirtschaft an. Durch die Niedrigzinspolitik sank das Zinsniveau in den USA vom Spitzenhoch von 6,5 Prozent in 2000 auf 1 Prozent in Mitte 2003. Die Sparquote der Amerikaner, welche schon vorher relativ gering war, verringerte sich dadurch noch stärker und erreichte in den Jahren 2005 bis 2007 ein Niveau von fast Null Prozent. Dies ist eine normale Reaktion der Konsumenten, denn wer würde bei einem Zinssatz der unter der Inflationsrate liegt, sein Geld sparen und dadurch Verluste machen? Die niedrigen Zinsen ermöglichten vielen US-Amerikanern sich endlich ihren Traum vom eigenen Haus zu erfüllen, wodurch ein Boom in der Häuserbaubranche ausbrach. Die Nachfrage nach Häusern überstieg deren Angebot und führte somit zu einem rapiden Anstieg der Immobilienpreise. In der Zeitspanne von 1996 bis 2006 lag die Preissteigerungsrate bei 190 Prozent, was einer jährlichen Wachstumsrate von durchschnittlich 11,2 Prozent entspricht. Solche Situationen, bei

---

[193] Vgl. *Krüger, A.,* Immobilienkrise, http://www.tagesschau.de (01.09.2009 12:45 MEZ).

denen die Wachstumsrate die der Ökonomie deutlich überschreitet, werden als „Blasen" bezeichnet und demnach in diesem Fall als Immobilienblase.[194]

Die Frage, die sich nun stellt ist, wie aus der Immobilienkrise in den USA eine weltweite Finanzmarktkrise entstehen konnte. Angefangen bei der Sparquote, welche bei fast Null Prozent lag, über den Staat, welcher laufend neue Schulden machte bis hin zu den Unternehmen, die Teile ihrer Investitionen fremd finanzieren wollten, bestand die einzige Möglichkeit den Finanzierungsbedarf in den USA sicherzustellen in so genannten Kapitalimporten, also der Beschaffung von Geld aus dem Ausland. Diese Beschaffung von Geld funktioniert indem Wertpapiere emittiert und im Ausland zum Verkauf angeboten werden. Hierzu wurden speziell die immobilienbesicherten Wertpapiere Collateralized Debt Obligations (CDO) genutzt.[195] CDOs sind verbriefte Credit Swaps, wobei diese wiederum eine Art Kreditversicherung darstellen. Hierbei tauschen (swap) Banken ihre Kreditforderungen gegen eine entsprechende Gebühr beispielsweise mit einer Fondgesellschaft, um dadurch das mit der Kreditvergabe verbundene Kreditrisiko weiterzugeben.[196] Durch die Verbriefung der Credit Swaps in CDOs und dem anschließenden Verkauf dieser, erfolgte eine weltweite Verteilung des Risikos, an deren Ende in der Regel amerikanische Hypothekendarlehen, Kreditkartendarlehen und Autoleasingverträge standen. Da der Immobilienmarkt sowie die gesamte Wirtschaft in den USA als stabil und stark wachsend galt, lag keine Besorgnis darin, dass der Plan der Investmentbanken, sich dem Kreditrisiko zu entziehen, fehlschlagen würde. Ausgelöst von der guten wirtschaftlichen Situation nahm in 2004 die Fed, die bereits überfällige Erhöhung der Zinsen vor, um eine Überhitzung der Wirtschaft zu vermeiden und sich für zukünftige Abschwungphasen die Möglichkeit von Zinssenkungen vorzubehalten. Die steigenden Zinsen führten zu steigenden Hypothekenzinsen, wodurch auf der einen Seite die Nachfrage nach Immobilien stark zurückging (76 Prozent Verkaufvolumen und 77 Prozent Neubauvolumen) und auf der anderen Seite viele Menschen ihr Hypothekendarlehen nicht mehr tilgen konnten. Das steigende Angebot an zu

---

[194] Vgl. *Sinn, H.-W.*, Kasino-Kapitalismus, 2009, S. 33–56.
[195] Vgl. *Sinn, H.-W.*, Kasino-Kapitalismus, 2009, S. 45.
[196] Vgl. *Balzli, B. u. a.*, Bankraub, in: Der Spiegel, Nr. 47, 2008, S. 46–49.

verkaufenden Häusern in Verbindung mit der rückläufigen Nachfrage führte zu einem Preisrückgang der US-Immobilien von Juni 2006 bis Dezember 2008 von 28 Prozent. Der starke Rückgang im Neubaugewerbe führte in der Branche selbst, sowie bei den Zulieferern zu Arbeitslosigkeit. Des Weiteren schränkte die gesamte Bauindustrie ihre Investitionstätigkeit ein wodurch weniger Baumaschinen und Dienstleistungen anderer Branchen gekauft wurden und auch hier Arbeitslosigkeit kaum zu vermeiden war. Die betroffenen Arbeitnehmer schränken als Schlussfolgerung ihren Konsum ein wodurch in anderen, konsumgüterabhängigen, Bereichen ein Nachfragerückgang zu verspüren ist. Kurzum es kam zu einer Rezession in den USA, die bis heute anhält. Des Weiteren verloren die durch Immobilien besicherten CDOs so extrem an Wert, dass der Marktwert der Papiere im Februar 2008 bei etwa drei Prozent des Wertes von Mitte 2006 lag. Die Halter solcher Papiere, zu denen unter anderem viele große Banken weltweit zählten, haben enorme Verlust gemacht und mussten insgesamt Milliarden Abschreibungen vornehmen.[197]

Als die Investmentbank Lehman Brothers, welche zu einer der weltweit größten zählte, am 15. September 2008 an den Folgen der geplatzten Immobilienblase zusammenbrach, fing die akute Phase der weltweiten Finanzmarktkrise an. Von diesem Zeitpunkt an führte das fehlende Vertrauen der Banken untereinander, welches durch die Unsicherheit über die Höhe der „faulen" Wertpapieren in den Bilanzen ausgelöst wurde, zu großen Problemen im Interbankenhandel. Diese sowie die exorbitant gestiegenen Refinanzierungskosten bilden die Grundlage der Kreditklemme.[198]

Durch die eben beschriebene Reaktionskette kann durchaus gesagt werden, dass der Auslöser für das platzen der Immobilienblase und die daraus folgende Finanzmarktkrise der Zinserhöhung der Fed zuzuschreiben ist. Durch die Folgen der Rezession brach der amerikanische Import, der größte der Welt, zusammen. Insgesamt ging der Import von Januar 2008 bis Januar 2009 um 27 Prozent zurück. Die Krise wirkt sich durch den sinkenden Import zusammen mit dem Einbruch der CDO-Preise auf nahezu jedes Land der Welt, bedingt durch die Verflechtung der Volkswirtschaften,

---

[197] Vgl. *Sinn, H.-W.,* Kasino-Kapitalismus, 2009, S. 15–56.
[198] Vgl. *Berger, K. P. Prof. Dr.,* Finanzkrise und Kreditklemme, in: Zeitschrift für Bank- und Kapitalmarktrecht, Nr. 2,
   2009, S. 45.

aus. Stark traf es beispielsweise Länder wie Irland, Großbritannien oder Deutschland, bei denen Großbanken wie die Nothern Rock oder die Hypo Real Estate ins Schleudern kamen und vom Staat aufgefangen werden mussten. Insgesamt verschwanden infolge der Finanzmarktkrise allein im Jahr 2008 weltweit 83 Banken vom Markt. Gerät somit ein Land wie die USA, welches ein Viertel des Weltsozialproduktes erwirtschaftet, in eine Krise, so löst dies in Zeiten der Globalisierung einen Dominoeffekt aus, welcher wiederum der Auslöser einer weltweiten Krise sein kann, so wie im Falle der aktuellen Finanz- und Wirtschaftskrise.[199]

6.2.2 Auswirkungen auf die Schiffswerte
6.2.2.1 Veränderungen der Schiffswerte

Im Abschnitt 6.1.2 „Bewertung von Schiffen" wurde bereits auf die Einflussfaktoren der Schiffswertbildung eingegangen. Es wurde aufgezeigt, dass der variable Faktor der Schiffswertbildung den Mechanismus zwischen Transportangebot und -nachfrage darstellt. Somit sind diese beiden Faktoren dahingehend zu analysieren, in welcher Form sie von der Finanzmarktkrise beeinflusst werden.

Die durch die Finanzmarktkrise ausgelöste sinkende Nachfrage nach Konsum- und Investitionsgütern weltweit, hat durch die Verflechtungen der Volkswirtschaften untereinander entsprechend hohe Auswirkungen auf den internationalen Im- und Export. Die weltweite Einfuhrstatistik vom Februar 2009 zeigt einen Rückgang von 41,5 Prozent im Vergleich zum Vorjahresmonat. Hierbei ist auffällig, dass die Einfuhr in Asien mit minus 61,6 Prozent deutlich stärker zurückging, als die Einfuhr in Amerika, welche ein Minus von 17,8 Prozent verzeichnete. Hierdurch wird deutlich, wie groß die Abhängigkeit Amerikas gegenüber anderen Ländern ist, wenn trotz Rezession der Rückgang der Importe verhältnismäßig gering ausfällt. Die Ausfuhr ging insgesamt um 30,5 Prozent zurück, wobei Amerika mit einem Rückgang von minus 53,6 Prozent deutlich schwerere Einbrüche einbüßt als beispielsweise Europa mit minus 14,8 Prozent oder Asien mit minus 13,9 Prozent. Der „Overall Index" der Ein- und

---

[199] Vgl. *Sinn, H.-W.,* Kasino-Kapitalismus, 2009, S. 15–56.

Ausfuhrstatistik zeigt einen deutlichen weltweiten Rückgang von 36,5 Prozent.[200] Auf die sinkende Transportnachfrage reagierten die Reedereien im ersten Zuge, indem sie ihre Frachtraten senkten, um die Kapazitätsauslastung sicher zu stellen. Da alle Reedereien die Preise senkten, um auf dem Markt eine Auslastung ihrer Schiffe zu erreichen, führte dies zu einem „Preisdumping" unter den Wettbewerbern. Dies führte letzten Endes zu einem extremen Preisverfall der Frachtraten.[201] Folgende Abbildung 27 zeigt die Entwicklung der Frachtraten anhand des „Maritime Research General freight index".

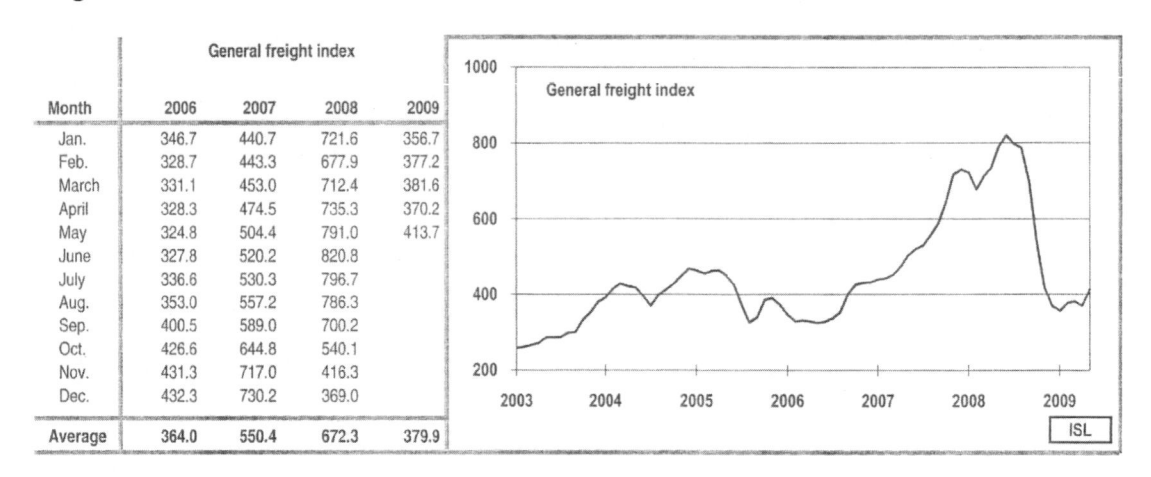

Month	2006	2007	2008	2009
Jan.	346.7	440.7	721.6	356.7
Feb.	328.7	443.3	677.9	377.2
March	331.1	453.0	712.4	381.6
April	328.3	474.5	735.3	370.2
May	324.8	504.4	791.0	413.7
June	327.8	520.2	820.8	
July	336.6	530.3	796.7	
Aug.	353.0	557.2	786.3	
Sep.	400.5	589.0	700.2	
Oct.	426.6	644.8	540.1	
Nov.	431.3	717.0	416.3	
Dec.	432.3	730.2	369.0	
Average	364.0	550.4	672.3	379.9

Abbildung 27: Maritime Research General freight index
Quelle: ISL, Shipping Statistics, Nr. 5/6, 2009, S. 69.

Die Abbildung veranschaulicht den extremen Preisverfall der Frachtraten um 56 Prozent von Mitte 2008 bis Anfang 2009. Das Preisniveau erreichte somit innerhalb eines halben Jahres fast das Niveau von Mitte 2006. Seit Anfang 2009 ist ein leichter Anstieg der Frachtraten zu verzeichnen.[202]

Die sinkenden Frachtraten führten jedoch lediglich dazu, dass der gleiche Markt mit weiter sinkendem Nachfragevolumen, auf einem wesentlich niedrigeren Preisniveau bedient wurde. Um das Transportangebot der Transportnachfrage anzugleichen zu können reagieren die Reedereien nun mit einer Verknappung ihrer Kapazitäten. Dies

---

[200] Vgl. *ISL,* Shipping Statistics Nr. 4, 2009, S. 55.
[201] Vgl. Interview mit Herrn Förster, Customer Service Import, Hyundai Merchant Marine (Deutschland) GmbH
    vom 03. September 2009.
[202] Vgl. *ISL,* Shipping Statistics Nr. 5/6, 2009, S. 69.

ist nur durch Auflegen der Schiffe, Verminderung der Geschwindigkeit oder durch Verschrottung möglich.[203] Die Deutsche Schiffahrts-Zeitung berichtete Ende Juli 2009, dass bereits die großen Containerreedereien CMA CGM, Hapag Lloyd und Hamburg Süd durch das Zusammenlegen von Diensten (s. Glossar) ihr Angebot rationalisiert und zudem die Geschwindigkeit der Schiffe reduziert haben.[204] Bis März 2009 wurden bereits weltweit 400 Schiffe im Zuge der Kapazitätsverknappung aufgelegt, wobei der Hamburger Reeder, Herr Offen, damit rechnet, dass bis 2011 bis zu 1000 Schiffe, also 20 bis 30 Prozent der gesamten Flotte aufgelegt werden.[205]

Des Weiteren stehen Abwrackwerften bereits wegen der massiven Verschrottung von Alttonnage vor Kapazitätsengpässen. Von Januar bis Juni 2009 wurden bereits 465 Schiffe mit einer Gesamttonnage von 14 Millionen zur Verschrottung verkauft. Dies entspricht einer Verdreifachung im Vergleich zum zweiten Halbjahr 2008.[206] Den Prozess der Kapazitätsverknappung erschweren die in 2007 verstärkt getätigten Schiffsorders. Beispielsweise wurden im Oktober 2007 194 Containerschiffe in Auftrag gegeben. Im Oktober 2008 wurden hingegen nur noch 43 Containerschiffe geordert, was einem Rückgang von 77,84 Prozent im Vergleich zum Vorjahr entspricht. Der Vergleich mit den in 2008 getätigten Orders zeigt die extreme Größe des Auftragsvolumens in 2007.[207] Möchte eine Reederei den Auftrag eines Schiffsbaus stornieren, so würde dem Reeder die geleistete Anzahlung von 20 Prozent des Auftragswertes verloren gehen. Dies entspräche bei einem großen Containerschiff ca. 25 bis 30 Mio. Euro.[208] Als Konsequenz der zurückgehenden Schiffsorders oder Stornierungen bekommen bereits die Werften weltweit wirtschaftliche Probleme. Aus diesem Grund hat beispielsweise die chinesische Regierung einen Aktionsplan aufgestellt, welcher die einheimischen Werften mit einem großzügigen Konjunktur-

---

[203] Vgl. *Plankar, M.*, Schifffahrtsbranche, in: Everling, O./Theodore, S. S. Bankrisikomanagement, 2008, S. 328–333.
[204] Vgl. *Meyer, M.*, Containerreedereien rationalisieren, in: THB Täglicher Hafenbericht/ Deutsche Schiffahrts-Zeitung, 30. Juli 2009, S. 1.
[205] Vgl. *Zamponi, R.*, Reeder Offen, in: Hamburger Abendblatt, 7. März 2009, S. 8.
[206] Vgl. *Meyer, M.*, Containerreedereien rationalisieren, in: THB Täglicher Hafenbericht/ Deutsche Schiffahrts-Zeitung, 30. Juli 2009, S. 13.
[207] Vgl. *ISL,* Shipping Statistics Nr. 4, 2009, S. 72.
[208] Vgl. *Wörnlein, P.*, Orderbücher, in: Deutsche Verkehrs Zeitung, Bd. 63, 18. August 2009, S. 2.

programm unterstützt.[209] In Deutschland mussten bereits die Wadan-Werften in Wismar und Rostock als Konsequenz der Finanzmarktkrise im Juni 2009 Insolvenz beantragen.[210]

Die sinkende Transportnachfrage führt, verstärkt durch die Kapazitätsverknappung, zu einer sinkende Nachfrage nach Schiffen. Dies zeigt sich wiederum in fallenden Charterraten. Abbildung 28 zeigt den „Lloyd's Shipping Economist tramp trip charter indices" für den Zeitraum 2006 bis 2009. Es ist deutlich zu erkennen, dass bereits seit März 2008 die Charterraten sukzessive zusammengebrochen sind und sich parallel zu den Frachtraten, seit Ende 2008 nur ganz langsam wieder erholen.

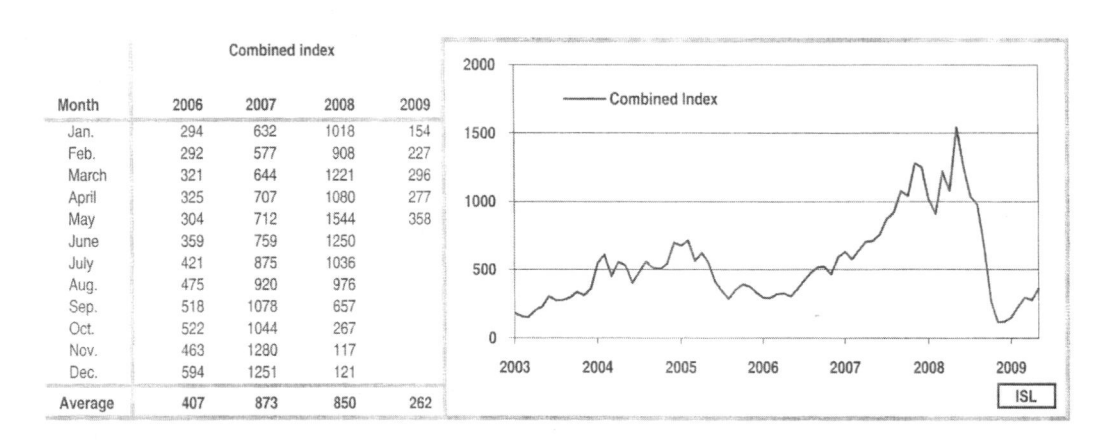

Month	2006	2007	2008	2009
Jan.	294	632	1018	154
Feb.	292	577	908	227
March	321	644	1221	296
April	325	707	1080	277
May	304	712	1544	358
June	359	759	1250	
July	421	875	1036	
Aug.	475	920	976	
Sep.	518	1078	657	
Oct.	522	1044	267	
Nov.	463	1280	117	
Dec.	594	1251	121	
Average	407	873	850	262

Abbildung 28: Lloyd's Shipping Economist tramp trip charter indices 2006-2009
Quelle: ISL, Shipping Statistics, Nr. 7, 2009, S. 52.

Durch die niedrigen Charter- und Frachtraten werden im weltweiten Wettbewerb demnach nur die Reedereien bestehen können, welche die niedrigen Raten so lange anbieten können, bis sie, hervorgerufen durch die Kapazitätsverknappung oder einer zunehmenden Nachfrage, wieder langsam ansteigen. Es ist also davon auszugehen, dass diverse Reedereien als Konsequenz aus der Finanzmarktkrise Insolvenz anmelden müssen. Dies berichtete auch Hamburg Süd-Chef Ottmar Gast und begründete dies

---

[209] Vgl. *Meyer, M.,* Konjunkturpaket für China, in: THB Täglicher Hafenbericht/Deutsche Schiffahrts-Zeitung,
12. Juni 2009, S. 13.
[210] Vgl. *Financial Times Deutschland,* Wadan-Werften, http://www.ftd.de (05.06.2009 10:37 MEZ).

damit, dass die Stornierungen und Verschrottungen nicht ausreichen werden, um die Überkapazität der Tonnage kurzfristig auszugleichen. Es wird also zu einer Kapazitätsverknappung durch das Verschwinden von Marktteilnehmern kommen.[211]

Da die Schiffswerte, wie bereits aufgezeigt wurde, auf den Verkaufspreisen vergleichbarer Schiffe beruhen, kann anhand der folgenden Tabelle 5 die Marktwertentwicklung von Bulk-Carriern und Tankern, für den Zeitraum von August 2008 bis Januar 2009, aufgezeigt werden. Hierbei findet eine Unterscheidung

Tabelle 5: Shipping prices and costs executive summary

	Date	Unit	2008 Aug.	Sept.	Oct.	Nov.	Dec.	2009 Jan.	average last 12 months	% change over prev. period	same period prev. year
Second hand prices	end	mill US $									
Bulk carrier	of										
28000 dwt, 10 years			45.5	37.0	23.0	17.0	16.0	16.0	34.0	-	-56.8
28000 dwt, 5 years			54.0	44.0	27.0	21.0	21.0	21.0	40.9	-	-51.2
46000 dwt, 10 years			60.0	50.0	30.5	21.0	20.5	20.0	47.4	-2.4	-66.1
52000 dwt, 5 years			71.0	60.0	37.0	26.5	26.5	26.0	56.5	-1.9	-62.9
72000 dwt, 10 years			76.0	62.0	35.0	24.0	23.0	22.0	57.3	-4.3	-69.9
74000 dwt, 5 years			90.0	74.0	42.0	30.0	30.0	29.0	68.4	-3.3	-65.9
170000 dwt, 10 years			133.0	103.0	61.5	39.0	37.5	36.5	95.7	-2.7	-64.9
172000 dwt, 5 years			150.0	123.0	74.0	49.0	49.0	47.5	114.9	-3.1	-64.8
Tanker											
305000 dwt, 5 years			-	-	-	105.0	102.0	100.0	102.3	-2.0	-25.9
300000 dwt, 10 years			130.0	125.0	98.0	80.0	80.0	80.0	113.8	-	-30.4
160000 dwt, 5 years			-	-	-	80.0	71.0	69.0	73.3	-2.8	-26.6
150000 dwt, 10 years			80.0	78.0	68.0	61.0	54.0	55.0	73.0	1.9	-31.3
105000 dwt, 5 years			-	-	-	59.0	53.0	55.0	55.7	3.8	-21.4
105000 dwt, 10 years			60.0	60.0	51.0	44.0	42.0	42.0	54.9	-	-30.0
C 47000 dwt, 5 years			-	-	-	44.0	38.0	38.0	40.0	-	-26.9
C 47000 dwt, 10 years			40.0	39.0	35.0	30.0	28.0	25.0	37.4	-10.7	-41.9
(Source: R.S. Platou A/S)											
Newbuilding Prices	end	mill US $									
Bulk carrier	of										
Handymax 53000			48.0	48.0	45.5	38.0	37.0	36.0	44.3	-2.7	-20.0
Panamax 75000			54.0	54.0	51.5	44.0	42.0	41.0	50.2	-2.4	-19.6
Capesize 170000			96.0	96.0	91.0	79.0	76.0	73.0	89.3	-3.9	-21.5
Tanker											
Product 45000			52.0	52.0	49.5	46.5	45.0	43.0	49.7	-4.4	-15.7
Aframax 105000			78.0	78.0	74.0	68.0	67.0	65.0	72.1	-3.0	-7.1
Suezmax 150000			98.0	98.0	93.5	83.0	82.0	80.0	90.0	-2.4	-9.1
VLCC 300000			156.0	156.0	148.0	137.0	135.0	131.0	145.9	-3.0	-7.7
(Source: Fearnleys)											

Quelle: ISL, Shipping Statistics, No 1/2, 2009, S. 66.

---

[211] Vgl. *Binder, F.*, Schlechte Aussichten, in: THB Täglicher Hafenbericht/Deutsche Schiffahrts-Zeitung, 11. Juni 2009, S. 2.

zwischen Second-Hand- und Neubaupreisen statt. Die Wertveränderung vom Januar 2009 zum Vorjahresmonat ist der letzten Spalte zu entnehmen. Diese Entwicklung ist entscheidend für schiffsfinanzierende Banken, da, wie bereits erwähnt, eine jährliche Bewertung vorzunehmen ist und somit nur Wertabschläge vorgenommen werden können, die sich auf ein Jahr beziehen. Es ist deutlich zu erkennen, dass die bereits gebauten Bulk-Carrier, in Bezug auf alle Größen, einen durchschnittlichen Werteverfall von circa 62 Prozent aufweisen. Die gebrauchten Tanker hingegen verzeichnen einen wesentlich geringeren Rückgang der Schiffswerte von durchschnittlich 30 Prozent. Dies ist wohl darauf zurückzuführen, dass die Tanker nur im geringen Umfang von der Konsum- bzw. Investitionsgüternachfrage abhängen. Bei den Neubauten bestätigt sich die geringere Zyklizität im Vergleich zu Gebrauchtschiffen in einem weitaus geringeren Rückgang von durchschnittlich 20 Prozent bei Bulkern und 10 Prozent bei Tankern.

Neben den Bulk-Carriern und Tankern ist die Containerschifffahrt besonders eng mit der Entwicklung der Weltwirtschaft und dem Welthandel sowie der damit einhergehenden Nachfrage verbunden.[212] Die Second-Hand-Preise bei den Containerschiffen, unabhängig von deren Größe, sind zurzeit statistisch nicht messbar, da die letzten Verkäufe im ersten Halbjahr 2008 durchgeführt wurden und es seitdem keine Nachfrage nach Containerschiffen mehr gibt und somit derzeit kein Markt besteht. Es kann jedoch die Aussage getroffen werden, dass die Angebotspreise von Second-Hand-Schiffen im zweiten Halbjahr 2008 im Durchschnitt um 50 Prozent gefallen sind. Auch bei den Neubaupreisen zeigen die Diagramme lediglich ein weißes Blatt Papier. Die Preise dieser fielen im zweiten Halbjahr 2008 ebenso wie die Second-Hand-Preise, wenn auch in einem geringeren Umfang.[213]

---

[212] Vgl. *Lemper, B.*, Volkswirtschaftliche Aspekte, in: Winter, H./Hennig, C./Gerhard, M. Schiffsfinanzierung Bd. 1,
   2008, S. 185.
[213] Vgl. *ISL,* Shipping Statistics Nr. 5/6, 2009, S. 14.

6.2.2.2 Interview mit der Reederei Hyundai Merchant Marine

Um die Auswirkungen der Finanzmarktkrise auf die Schifffahrtsbranche realitätsnah aufzeigen zu können, erklärte sich der Hamburger Niederlassungsleiter des Reederei-Agenten Hyundai Merchant Marine (Deutschland) GmbH, Herr Günther Boldt, dazu bereit, sich im Rahmen eines Interviews zu den aktuellen Gegebenheiten auf dem Schifffahrtsmarkt zu äußern. Tabelle 6 zeigt die Dokumentation des am 10. September 2009 zwischen 09:00 und 10:00 Uhr geführten Interviews.

Tabelle 6: Interview mit der Reederei Hyundai Merchant Marine

Wie ist die Niederlassung Hamburg in den koreanischen Mutterkonzern eingegliedert?
Hyundai hat in jedem Kontinent ein Headquarter, worunter dann die einzelnen Länder, die zu dieser Region gehören eigenständige Reederei-Agenten haben. Das European Headquarter liegt in London und der Hauptsitz der eigenständigen Tochtergesellschaft Hyundai Merchant Marine (Deutschland) GmbH ist in Hamburg. Der deutsche Hauptsitz fertigt jedoch nur Containerschiffe ab, weshalb sich meine Antworten nur auf die Containerschifffahrt beziehen.
Herr Boldt, an welcher Stelle steht Hyundai im weltweiten Reederei-Vergleich?
Hyundai steht bezogen auf Containerredereien an 17. Stelle weltweit.
Wie viele eigene Schiffe hat Hyundai und wie viele werden gechartert?
Hyundai hat 53 Containerschiffe, davon 12 eigene und 41 gechartert. Es ist hinzuzufügen, dass Hyundai vermehrt eigene Schiffe verkauft hat und sie im Anschluss daran zurückgechartert. Das heißt, der Trend geht vermehrt zum chartern, da dies eine gewisse Flexibilität mit sich bringt. Zu anderen Schiffstypen kann ich nur angeben, dass wir 28 Bulk-Carrier und 52 Tanker haben, welche davon jedoch gechartert sind und welche zur eigenen Flotte gehören ist mir nicht bekannt.
Wann und in welcher Form machten sich die Auswirkungen der Finanzmarktkrise im Tagesgeschäft bemerkbar?
Die durch die Finanzmarktkrise ausgelöste sinkende Nachfrage traf besonders die Containerschifffahrt und somit auch unseren Hamburger Standort. Wir hatten mehr Kapazitäten als Aufträge und somit mussten wir, um die Schiffe nicht halb leer fahren zu lassen, die Frachtraten senken. Im Westbound gingen die Frachtraten fast um 60 Prozent runter. Das tat bzw. tut uns richtig weh!
Wie reagierte bzw. reagiert Hyundai auf die Finanzmarktkrise?
Alle Reedereien haben Schiffe aus dem Markt genommen um ihre Kapazitäten zu verknappen. Soweit ich weiß wurden bis jetzt insgesamt 500 aufgelegt. Des Weiteren wurden Geschwindigkeiten von 24-25 Konten auf 18-19 reduziert, was zu einer längeren Transportzeit von einer Woche führt und zudem noch spritsparender ist. Am Anfang haben sich natürlich die Kunden darüber beschwert, da diese Maßnahmen jedoch alle Reeder durchgeführt haben, gab es gar keine andere Möglichkeit, als die längere Transportzeit hinzunehmen. Hyundai im Speziellen hat einen Dienst verlegt, indem er nicht mehr durch den Suezkanal fährt, welches extrem hohe Kosten verursacht, sondern um das Kap der guten Hoffnung herum. Dies, im Zusammenhang mit einer Geschwindigkeitsreduzierung, brachte uns eine ziemliche Kostenersparnis. Die dritte Möglichkeit der Kapazitätsverknappung durch Verschrottung hat Hyundai

bewusst nicht durchgeführt. Selbstverständlich finden in guten wie auch in schlechten Zeiten Verschrottungen statt, jedoch keine von „gesunden" Schiffe.

Gibt es von der koreanischen Regierung Konjunkturprogramme für die Schifffahrtsbranche?

Die koreanische Regierung hat den Reedereien angeboten ihre Schiffe zu kaufen und sie dadurch finanziell zu stabilisieren. Auch Hyundai hat dieses Angebot teilweise angenommen.

Hat Hyundai zurzeit noch Schiffe im Bau? Wenn ja, wie viele und sind Stornierungen geplant?

Hyundai hat keine Schiffe mehr im Bau! Das letzte Schiff wurde im zweiten Quartal 2009 ausgeliefert. Hierbei ist zu erwähnen, dass die letzten Schiffe, die Hyundai gebaut hat eine Größe von 8.600 TEU haben. Es handelt sich somit um keine Riesenschiffe, die derzeit nicht mehr marktgerecht sind. Dies ist ein großer Vorteil für uns.

Wie wirkt sich der Preisverfall der Schiffe auf die Finanzierung der Schiffe aus?

Es wird sicherlich Auswirkungen geben, wozu ich jedoch nichts sagen kann, da die Finanzierungen der Mutterkonzern in Korea durchführt.

Wie sieht es mit gecharterten Schiffen aus, bei denen die Charterverträge in naher Zukunft auslaufen? Sind hier Charter-Verlängerungen geplant und wenn ja auf welchem Ratenniveau?

Allgemein ist dazu zu sagen, dass schon vor Ablauf der Charterverträge die Reedereien versuchen aus ihren langfristigen Charterverträgen herauszukommen. Viele bemühen sich darum, die Charterraten durch Gespräche zu drücken und wenn ihnen das nicht gelang wurden teilweise die Charterraten einfach nicht mehr gezahlt, um den Charter unter Druck zu setzen.
Es wird sicherlich so sein, dass eine Verlängerung von Charterverträgen vom Markt und der Höhe der Charterraten abhängt.

Ist Hyundai Ihrer Meinung nach gut für die Krise aufgestellt?

Hyundai hat im Vergleich zu vielen anderen Reedereien die extrem hohen Gewinne von 2006/07 nicht in dem Umfang abgeschöpft, wie andere es getan haben, sondern viele Rücklagen gebildet, durch welche die Verluste (300 Mio. USD in 2008) kompensiert werden können. Bei uns gab es bis jetzt keine Entlassungen, Kurzarbeit oder Gehaltskürzungen wie bei anderen Reedereien. Meiner Meinung nach ist Hyundai demnach gut für die Krise aufgestellt. Das Auftragsvolumen lastet uns sogar voll aus; das einzige Problem liegt in den noch zu niedrigen Frachtraten, die wieder ansteigen müssen.

Sind Sie der Meinung, dass durch die Krise diverse Reedereien vom Markt verschwinden werden?

Ja, bis zum jetzigen Zeitpunkt sind ja bereits Reedereien wie beispielsweise MISC, Senator Line, Pil, Wan-Hai vom Markt verschwunden. Viele andere versuchen sich zusammen zu tun und durch Synergieeffekte sich noch am Markt zu halten.

Wie ist Ihre Zukunftsprognose für die Schifffahrtsbranche? Wurde der Tiefpunkt bereits erreicht und bis wann hat sich der Markt wieder stabilisiert?

Ich bin der Meinung, dass es vor 2012 keine Besserung in der Schifffahrtsbranche geben wird. Ich vermute, dass es nächstes Jahr noch ziemlich schwer für alle Marktteilnehmer werden wird und erst in 2011 wieder leicht aufwärts geht, bevor es in 2012 erneut zu einem richtigen Aufschwung kommt.

6.2.2.3 Alternative Schiffsbewertung

Es wurde bereits aufgezeigt, dass im Rahmen des Vergleichswertverfahrens, durch die teilweise zum Erliegen gekommenen An- und Verkäufe auf dem Schiffsmarkt, keine Wertermittlung mehr möglich ist. Viele der getätigten Schiffsverkäufe basieren in der Regel auf Notverkäufen und können demnach nicht als repräsentative Basis für eine Marktwertermittlung herangezogen werden. Aus diesem Grunde hat die Vereinigung Hamburger Schiffsmakler und Schiffsagenten (VHSS) in Zusammenarbeit mit Schifffahrtssachverständigen sowie Vertretern von Schiffsbeleihungsbanken, Reedereien und Emissionshäusern ein alternatives Bewertungsverfahren entwickelt. Der so genannte „Hamburg Ship Evaluation Standard" reagiert im Gegensatz zum Vergleichswertverfahren nicht auf Marktstörungen, wodurch sich die Schiffswerte am langfristigen, nachhaltigen Ertragspotenzial eines Schiffes orientieren. Es wird hierbei auch von einem „Long Term Asset Value" gesprochen. Als Basis dient das Barwertverfahren, wobei die Volatilität der Schifffahrtsmärkte hierbei angemessen berücksichtigt wird. Dieses Verfahren dient insbesondere der Marktwertermittlung in gestörten Märkten und ist nicht dazu gedacht, das übliche Vergleichswertverfahren zu ersetzten.[214] Folgende Abbildung 29 zeigt die Berechnung dieses ertragsorientierten Ansatzes.

$$LTAV = \sum_{t=1}^{T} \frac{(C_t - B_t)}{(1+i)^t} + \frac{RW_T}{(1+i_{i=T})^T}$$

LTAV = Long term asset value
C = Chartereinnahmen
B = Betriebskosten
RW = Restwert (Schrottwert)
T = Restlaufzeit
i = Diskontierungszinssatz
t = Jahr

Abbildung 29: Berechnung des Hamburger Ship Evaluation Standards
Quelle: In Anlehnung an *Vereinigung Hamburger Schiffsmakler und Schiffsagenten e. V.*, HSES, http://vhss.de (11.09.2009 15:41).

---

[214] Vgl. *Vereinigung Hamburger Schiffsmakler und Schiffsagenten e. V.*, HSES, http://www.vhss.de (11.09.2009 15:41 MEZ).

Dieses alternative Bewertungsverfahren kann demnach als Versuch angesehen werden, die Schiffswerte mit einem höheren Wert, als dem durch das Vergleichswertverfahren ermittelten, anzurechnen und somit eine geringere Belastung des Eigenkapitals zu erreichen. Im nächsten Abschnitt wird auf die Auswirkungen der gesunkenen Schiffswerte auf das Eigenkapital schiffsfinanzierender Banken eingegangen. Da sich der Hamburger Ship Evaluation Standard Ansatz noch in der Prüfungsphase befindet dienen als Basis für folgendes Beispiel die Wertminderungen aus dem Vergleichswertverfahrens, also die statisch ermittelten Verkaufspreise.

6.2.3 Auswirkungen auf schiffsfinanzierende Banken

Ziel dieses Abschnittes ist es, aufzuzeigen, wie sich die eben dargestellten enormen Wertverluste der Handelsschiffe Container, Bulk-Carrier und Tanker auf das Eigenkapital von schiffsfinanzierenden Banken auswirken. Im Abschnitt 5.3 „Auswirkungen von Marktwertveränderungen" wurde bereits beispielhaft aufgezeigt, wie sich Marktwertsenkungen von Schiffen über eine LGD-Erhöhung auf die Eigenkapitalhinterlegungspflicht von Kreditinstituten auswirken. Im Folgenden wird anhand der im Abschnitt 6.2.2.1 aufgezeigten aktuellen Marktwertsenkungen, auf die Veränderung der Eigenkapitalhinterlegung von der HSH-Nordbank eingegangen. Es gilt somit aufzuzeigen, dass auch hier eine LGD-Erhöhung zu einer zusätzlichen Eigenkapitalhinterlegungspflicht des Institutes führt.

Da die HSH-Nordbank gemäß Offenlegungsbericht den fortgeschrittenen IRB-Ansatz anwendet, dient als Grundlage der LGD-Berechnung die unter 5.3 bereits angeführte Formel. Folgende Abbildung 30 verdeutlicht erneut die Berechnung.

$$\frac{hEK}{0{,}08 \times RWA} \geq 1 \qquad RWA = PD \times LGD \times EaD$$

$$LGD_{fort.\ Ansatz} = LGD_u \times (EaD - (SI - Risikoabschläge))/EaD$$

EaD = Forderungsbetrag
SI = Marktwert der Sicherheit
$LGD_{fort.\ Ansatz}$ = LGD fortgeschrittener IRB-Ansatz
LGD_u = LGD für unbesicherten Teil der Forderung

Abbildung 30: LGD-Berechnung im fortgeschrittenen IRB-Ansatz
Quelle: Eigener Formelansatz.

Es ist ausdrücklich darauf hinzuweisen, dass folgende Berechnungen lediglich den Effekt der gesunkenen Schiffswerte auf die Eigenkapitalbelastung der HSH-Nordbank aufzeigen sollen. Es ist somit nicht möglich die zusätzliche Eigenkapitalhinterlegungspflicht der HSH-Nordbank exakt zu ermitteln, da weder die genaue LGD-Berechnung bekannt ist, noch eine Unterteilung der Schiffe nach Größe stattfindet sowie die genauen Sicherheitenwerte der Öffentlichkeit nicht zur Verfügung stehen.

Um die Auswirkungen des gesamten Schiffsportfolios auf das Eigenkapital ermitteln zu können, wird hierzu im Folgenden ein Überblick über die Aufteilung des Kreditvolumens auf die einzelnen Schiffstypen gegeben.

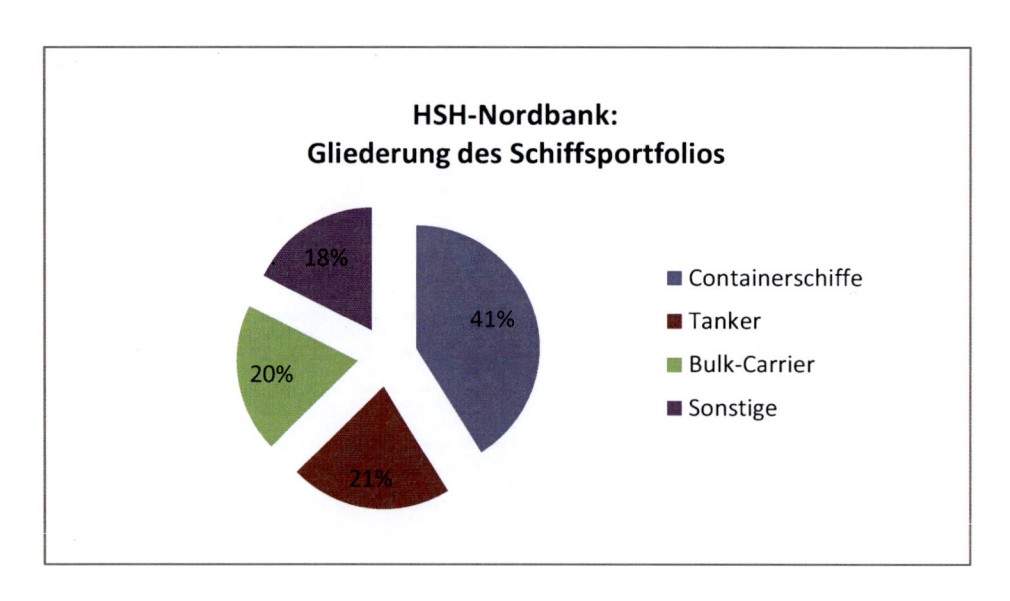

Abbildung 31: Aufteilung des Schiffsportfolios der HSH-Nordbank
Quelle: Eigene Abbildung.
Datenquellen: *Drost, F. M.*, Schiffsbanken, http://www.handelsblatt.com (07.09.2009 14:09),
HSH-Nordbank AG, Branchen, http://www.hsh-nordbank.de (07.09.2009 14:22 MEZ).

Abbildung 31 zeigt die Aufteilung des Schiffsportfolios der HSH-Nordbank. Demnach machen die Containerschifffahrt mit 41 Prozent, die Tanker mit 22 Prozent und die Bulk-Carrier mit rund 20 Prozent die größten Anteile des Portfolios aus.[215,216] Für die Berechnungen wird von den durchschnittlichen Wertveränderungen von minus 50 Prozent bei Containerschiffen, minus 30 Prozent bei Tankern und minus 62 Prozent bei Bulkern ausgegangen.[217] Das **Kreditvolumen** der HSH-Nordbank im Segment Schifffahrt entspricht gemäß Offenlegungsbericht vom 31.12.2008 rund **27.409 Mio. Euro** (exkl. Kreditzusagen).[218] Gemäß Herrn Kuznik von der HSH-Nordbank lag vor dem Eintreten der Finanzmarktkrise der durchschnittliche Beleihungswert bei 70 Prozent.[219] Aus diesem Grunde wird von einem **Sicherheitswert vor der Marktwertsenkung von 39.156 Mio. Euro** ausgegangen. Die Risikoabschläge werden weiterhin mit 20 Prozent des Marktwertes angesetzt.

---

[215] Vgl. *Drost, F. M.*, Schiffsbanken, http://www.handelsblatt.com (07.09.2009 14:09).
[216] Vgl. *HSH-Nordbank AG*, Branchen, http://www.hsh-nordbank.de (07.09.2009 14:22 MEZ).
[217] Vgl. *ISL*, Shipping Statistics Nr. 1/2, 2009, S. 66.
[218] Vgl. *HSH-Nordbank AG*, Offenlegungsbericht HSH-Nordbank, http://www.hsh-nordbank.de (08.09.2009 15:20) S. 24.
[219] Vgl. *Menze, A.*, Schiffsfinanzierung nach dem Credit Crunch, in: HANSA International Maritime Journal, Bd. 145,
    Nr. 8, 2008, S. 98.

Folgende Tabelle 7 zeigt die Sicherheitenwerte, unterteilt in die Schiffstypen, vor und nach der Wertminderung.

Tabelle 7: Sicherheitenwerte vor und nach der Wertminderung

Schiffstypen	Anteil am Gesamt-volumen	Sicherheitenwert vor Wertminderung in Mio. Euro	Wertverlust in %	Sicherheitenwert nach Wertminderung in Mio. Euro
Container	41%	16.054	50%	8.027
Tanker	21%	8.223	30%	5.756
Bulk-Carrier	20%	7.831	62%	2.976
Sonstige	18%	7.048	45%	3.876
		39.156		**20.635**

Quelle: Eigene Tabelle.

Bei den „Sonstigen Schiffstypen" wird ein durchschnittlicher Wertverlust von 45 Prozent angesetzt. Es ist davon auszugehen, dass eine Abwertung des Schiffsportfolios vor dem 31.12.2008 nicht vorgenommen wurde. Zudem wird mit einer Ausfallwahrscheinlichkeit von fünf Prozent gerechnet. Da die HSH-Nordbank das weltweit führende Kreditinstitut im Bereich der Schiffsfinanzierung ist, wird angenommen, dass die Bank vermehrt als Konsortialführer auftritt oder bilaterale Geschäfte macht, wodurch von einem LGD für den unbesicherten Teil von 45 Prozent ausgegangen wird. Abbildung 32 zeigt die LGD-Berechnung vor der Wertminderung unter Anwendung der oben genannten Werte.

$$LGD_{fort.\ Ansatz} = 0{,}45 \times (27.409\ Mio. - (39.156\ Mio. - 7.831\ Mio.))/27.409\ Mio.$$
$$= -6{,}43\ \%$$
$$\approx 0{,}00\ \%$$

Abbildung 32: LGD-Berechnung der HSH-Nordbank vor Wertminderung
Quelle: Eigene Abbildung.

Da der LGD in Abbildung 32 Null Prozent entspricht, würde dies zu der Schlussfolgerung führen, dass die HSH-Nordbank im Rahmen der Schiffsfinanzierung, zumindest für das Kreditrisiko, keinen oder nur einen sehr geringen Betrag an Eigenkapital hinterlegen musste. Durch den Wertverlust des Schiffsportfolios um

18.521 Mio. Euro auf 20.635 erhöht sich der LGD auf 17,9 Prozent (siehe Abb. 33), was zu einer RWA von 245 Mio. Euro führt und somit einem Eigenkapitalhinterlegungsbetrag von 19 Mio. Euro entspricht.

$$LGD_{fort.\ Ansatz} = 0{,}45 \times (27.409\ Mio. - (20.635\ Mio. - 4.127\ Mio.))/27.409\ Mio.$$
$$= 17{,}9\ \%$$

Abbildung 33: LGD-Berechnung der HSH-Nordbank nach Wertminderung
Quelle: Eigene Abbildung.

Fazit

Mit den obigen Berechnungen wurde belegt, dass die gesunkenen Schiffswerte zu einem höheren LGD führen und somit auch zu einer höheren Eigenkapitalhinterlegungspflicht. Inwiefern die Höhe von 19 Mio. Euro repräsentativ ist, scheint diskussionsbedürftig zu sein. Mir persönlich scheint der Betrag, gemessen daran, dass 19 Mio. Euro schon der Anzahlung eines Neubaus von einem großen Containerschiffes entsprechen, vergleichsweise gering. Ein Vergleich dieser Summe mit dem Offenlegungsbericht 2008 zeigt, dass 19 Mio. Euro gerade mal 0,21 Prozent von den gesamten Eigenmittelanforderungen ausmachen. Da die HSH-Nordbank als Kerngeschäft jedoch die Schiffsfinanzierung hat, scheint somit ein Hinterlegungsbetrag von 19 Mio. Euro nicht sinnvoll. Inwiefern sich die gesamte Eigenkapitalhinterlegungspflicht der HSH-Nordbank durch die Krise verändert hat, wird am besten deutlich werden, wenn der Offenlegungsbericht von 2009 veröffentlicht wird und somit ein direkter Vergleich möglich ist. Es ist jedoch unumstritten, dass die Neubewertung der Schiffe und die daraus ansteigende Eigenkapitalhinterlegungspflicht gemäß Basel II in Verbindung mit deutlich gestiegenen Refinanzierungskosten, die Geschäftstätigkeit der HSH-Nordbank sowie anderer schiffsfinanzierender Banken einschränkt.[220]

---

[220] Vgl. *Menze, A.*, Schiffsfinanzierung nach dem Credit Crunch, in: HANSA International Maritime Journal, Bd. 145,
   Nr. 8, 2008, S. 106.

7 Schlussformulierung

Die aktuelle Finanz- und Wirtschaftskrise zeigt auf, wozu die Maßlosigkeit der Menschen führen kann. Die Globalisierung, welche ich als durchaus positiv ansehe, kann demnach weltweite Krisen beschleunigen oder gerade der Auslöser dieser sein, wenn Handlungsspielräume nicht klar definiert werden. Die extremen Auswirkungen der Krise auf die Schifffahrtsbranche sind meiner Meinung nach zudem darin begründet, dass infolge der Boom-Phase unverhältnismäßig viele Schiffe in Auftrag gegeben wurden. Gerade unter Einbeziehung der extremen Zyklizität des Schifffahrtsmarktes ist es unvorstellbar, dass anscheinend nicht daran geglaubt wurde, dass auf ein Hoch auch wieder ein Tief folgt. Des Weiteren verstärkt die geringe Rücklagenbildung, von den in vorhergehenden Jahren gemachten Gewinnen, die Situation erheblich.

Im Rahmen dieses Buches wurde aufgezeigt, wie die durch die Finanzmarktkrise ausgelöste Reaktionskette die Schifffahrtsbranche so stark getroffen hat, dass die Schiffswerte unverhältnismäßig stark einbrachen. Die Auswirkungen auf die Schiffsfinanzierung und somit auf die schiffsfinanzierenden Banken folgten unmittelbar daraus. Des Weiteren wurde ausführlich erläutert, wie Banken, die durch Basel II vorgegebene Eigenkapitalhinterlegungspflicht für das Kreditrisiko durch den Schiffswert senken können. Am Beispiel der HSH-Nordbank wurde gezeigt, wie im Umkehrschluss eine Schiffswertminderung über eine LGD-Erhöhung die Eigenkapitalentlastung verringert und somit schiffsfinanzierende Banken in ihrer Geschäftstätigkeit eingeschränkt werden. Die in der Einleitung aufgestellte These, dass die Auswirkungen der Finanzmarktkrise auf die Schifffahrtsbranche und somit auf die Schiffswerte zu der Kreditklemme beitragen, sehe ich demnach als belegt an.
Die zusätzliche Eigenkapitalbelastung der Kreditinstitute ist nicht bekannt; da jedoch der „Hamburg Ship Evaluation Standard" als alternatives Bewertungsverfahren unter Einbeziehung von schiffsfinanzierenden Banken entwickelt wird, scheinen die zusätzlichen Eigenkapitalbelastungen von einem solchen Ausmaß zu sein, dass sich die

Entwicklung dieser Bewertungsmethode, welche zu einem höheren Wertansatz führt, überhaupt lohnt.

Die Krise traf meiner Meinung nach zudem Kreditinstitute so stark, weil sie nicht genügend Eigenkapital für schlechte Zeiten hinterlegt hatten. Diesen Tatbestand verstärkte die Möglichkeit der Kreditrisikominderung durch Sicherheitenanrechnung. Dies ist insbesondere bei Kreditinstituten der Fall, die den IRBA-Ansatz anwenden und somit mehr oder weniger uneingeschränkte Möglichkeiten der Kreditrisikominderung haben. Es sollte deshalb in der Zukunft dafür Sorge getragen werden, dass Banken mehr Eigenkapital hinterlegen müssen.

Auch der Baseler Ausschuss für Bankenaufsicht hat vor dem Hintergrund der Finanzmarktkrise eine Reihe von Vorschlägen für die Überarbeitung von Basel II veröffentlicht, wobei unter Anderem höhere Eigenmittelanforderungen gefordert werden.[221]

Meiner Meinung nach sollte jedoch vor einer Erhöhung der Eigenmittelanforderungen geprüft werden, ob die Möglichkeiten der Risikominderung durch Kreditsicherheiten nicht zu große Spielräume bietet, um die Eigenkapitalhinterlegung zu mindern. Es muss jedoch auch berücksichtigt werden, dass die Forderung nach mehr Eigenkapital wahrscheinlich zu höheren Kreditkosten führen wird und somit evtl. die Kreditklemme sogar verstärken könnte. Auf der anderen Seite sollte jedoch auch realistisch gesehen werden, dass, wenn Banken in Krisenzeiten durch den Staat unterstützt oder sogar gerettet werden, die Forderung nach einer höheren Eigenkapitalunterlegung in der Zukunft nur fair gegenüber den Steuerzahlern wäre. Im Speziellen sollten systemrelevante Institute, die es in Zukunft vermehrt durch Zusammenschlüsse und Übernahmen geben wird, zu einer höheren Eigenkapitalhinterlegung und mehr Transparenz verpflichtet werden. Es ist wichtig eine grundlegende Basis zu schaffen, durch welche in zukünftigen Krisenzeiten im besten Fall von einer staatlichen Regulierung abgesehen werden kann.

---

[221] Vgl. *Neisen, M./Trummer, S./Dörflinger, M.*, Finanzmarktkrise, in: Bank Praktiker, Nr. 4, 2009, S. 166.

ANHANG A: BERECHNUNG DER RISIKOGEWICHTE IM IRB-ANSATZ

Exposure	Risikogewicht (RW)
Unternehmen*, Banken und Staaten	$RW(PD) = scf \times 12{,}5 \times LGD \times \left(N\left(\dfrac{G(PD) + \sqrt{\rho(PD)} \times G(0{,}999)}{\sqrt{1 - \rho(PD)}} \right) - PD \right)$ $\times \dfrac{1}{1 - 1{,}5\, b(PD)} \times [1 + b(PD) \times (M - 2{,}5)]^{**}$ mit $\rho(PD) = 0{,}12 \times \dfrac{1 - \exp(-50\, PD)}{1 - \exp(-50)} + 0{,}24 \times \left(1 - \dfrac{1 - \exp(-50\, PD)}{1 - \exp(-50)}\right) - 0{,}04 \times \left(1 - \dfrac{S - 5}{45}\right)^{***}$ und $b(PD) = (0{,}11852 - 0{,}05478 \times LN(PD))^2$
Retail – Hypothekarkredite	$RW(PD) = scf \times 12{,}5 \times LGD \times \left(N\left(\dfrac{G(PD) + \sqrt{0{,}15} \times G(0{,}999)}{\sqrt{0{,}85}} \right) - PD \right)$
Retail – Revolvierende Kredite	$RW(PD) = scf \times 12{,}5 \times LGD \times \left(N\left(\dfrac{G(PD) + \sqrt{0{,}04} \times G(0{,}999)}{\sqrt{0{,}96}} \right) - PD \right)$
Retail – Sonstiges Retail	$RW(PD) = scf \times 12{,}5 \times LGD \times \left(N\left(\dfrac{G(PD) + \sqrt{\rho(PD)} \times G(0{,}999)}{\sqrt{1 - \rho(PD)}} \right) - PD \right)$ mit $\rho(PD) = 0{,}03 \times \dfrac{1 - \exp(-35\, PD)}{1 - \exp(-35)} + 0{,}16 \times \left(1 - \dfrac{1 - \exp(-35\, PD)}{1 - \exp(-35)}\right)$

Für PD gilt außer bei Staaten eine Untergrenze von 0,03 Prozent, für M gilt außer in Spezialfällen eine Untergrenze von einem Jahr und eine Obergrenze von fünf Jahren. N bezeichnet die Verteilungsfunktion der Standardnormalverteilung, G ihre Inverse und LN den natürlichen Logarithmus. Der Scaling-Faktor scf wird zurzeit mit 1,06 angenommen, ist aber Gegenstand weiterer Kalibrierungen.
* ohne Spezialfinanzierungen
** Im IRB-Basisansatz gilt im Grundsatz M = 2,5, das heißt, es erfolgt keine Laufzeitanpassung. Die Aufsichtsbehörden können jedoch auf nationaler Ebene eine Laufzeitanpassung verlangen.
*** Für S gilt eine Untergrenze von fünf und eine Obergrenze von 50. Für Banken und Staaten entfällt dieser letzte Term.
Im Internet steht unter www.wertpapiermanagement.de eine umfangreiche Excel-Datei zur Verfügung, mit der Eigenkapitalbelastungen berechnet und Sensitivitätsanalysen durchgeführt und grafisch veranschaulicht werden können.

Quelle: *Wilkens, M./Baule, R./Entrop, O.*, IRB-Ansatz in Basel II, in:
Zeitschrift für das gesamte Kreditwesen, Nr. 14, 2004, S. 14.

Anhang B: Glossar zur Schifffahrtsbranche

A

Alframax (Average Freight Rate Assessment) Standardgröße für die Notierung von Frachtraten und Marktwerten für ein Tankschiff. Die standardisierte Schiffsgröße liegt bei einer Tragfähigkeit zwischen 80.000 und 115.000 dwt.

B

Bareboat-Charter Vergleichbar mit Leasing eines Schiffes, welches komplett durch den Leasingnehmer betrieben wird. Alle Betriebskosten, wie Crew, Versicherung, Treibstoff oder Reparaturen werden vom Charterer übernommen. Der Schiffseigentümer stellt nur das „nackte Schiff" (Bareboat) zur Verfügung (vgl. Time-Charter).

Beleihungshöhe/ Rangauslauf Bezeichnet das Verhältnis zwischen dem Marktwert (ggf. abzüglich eines internen Sicherheitsabschlags) eines Schiffes bezogen auf das jeweils ausstehende Kreditvolumen. Die Beleihungshöhe dient somit der Beurteilung der Besicherung des Kredites durch den Wert des Schiffes.

Bereederung Beinhaltet die technische und kommerzielle Betreuung des Schiffes. Hierzu gehören im Wesentlichen: Einsatz des Seepersonals, Einkauf von Ersatzteilen und Organisation bzw. Ausführung von Reparaturen, Abschluss von Versicherung und Verproviantierung. Im Normalfall gehört auch die Befrachtung des Schiffes, das heißt, die Organisation der Beschäftigung des Schiffes dazu.

Betriebskosten/ Schiffsbetriebskosten Kosten, die in der Betriebsphase eines Unternehmers anfallen. Dazu zählen Kosten für Personal, Ausrüstung, Reparaturen, Schmieröl, Versicherungen, Besichtigungen und sonstige Kosten.

Bulk-Carrier Frachtschiff mit speziellen Laderäumen für den Transport von trockenem Schüttgut.

C

Capesize Größenbezeichnung für Schiffe, die aufgrund ihrer Größe nicht mehr durch den Suezkanal fahren können und daher das Kap der Guten Hoffnung umrunden müssen. Standardisierte Schiffsgröße für die Notierung von Frachtraten bei Bulk-Carriern. Moderne Capesize-Bulk-Carrier haben eine Trag-fähigkeit von 170.000 dwt.

Charterer Mieter eines Schiffes für eine bestimmte Zeitperiode oder Reise. Der Charterer mietet ein in jeder Hinsicht betriebsbereites Schiff. Handelt es sich um ein Bareboat-Charter, so ist er für die Bemannung und Ausrüstung selbst zuständig.

Charterrate Der Mietzins für die Überlassung eines Schiffes. Die Charterrate wird meist in USD/Tag gezahlt.

Chartervertag Ein Vertrag, der zwischen dem Charterer und dem Eigentümer des Schiffes für die Beschäftigung (Zeitperiode oder Reise, siehe Charterer) des Schiffes geschlossen wird.

D
Dienst Fahrrouten

Doppelhülle Schiffsrumpf mit doppelter Bordwand und Doppelboden.

DWT Deadweight. Maximal zulässige Ladefähigkeit eines Schiffes in Tonnen.

F
Frachtrate Preis für den Transport eines Wirtschaftsgutes.

H
Handysize-Bulk-Carrier Massengutfrachter (10-30.000 tdw) für kleinere Ladungsgrößen und Fahrtgebiet mit Häfen mit geringem Tiefgang.

K
Kabotage Erbringung von Transportleistungen innerhalb eines Landes durch ein ausländisches Unternehmen.

Korrespondenzreeder Der Korrespondenzreeder ist ein Schifffahrtsunternehmen, welches von der Beteiligungsgesellschaft mit der Bereederung des Schiffes beauftragt wird.

L
LPG Liquefied Petroleum Gas. LPG ist die englische Bezeichnung für Flüssiggase wie z. B. Propan und Butan, die schon bei geringer Druckerhöhung oder Kühlung flüssig werden.

M
Maritimes Cluster Ansammlung von Unternehmen der maritimen Wertschöpfungskette in räumlicher Nähe, beispielsweise Reedereien, Werften, Häfen, Seefahrtsschulen, Verbänden, Makler, Anwaltskanzleien, Banken und Versicherungen.

Marktwert Bewertung eines Schiffes durch ein international anerkanntes Bewertungsunternehmen auf „Desktop"-Basis, das heißt, es werden weder physische Kontrollen des Schiffes durchgeführt noch die technischen Aufzeichnungen des Schiffes bewertet. Der Marktwert orientiert sich folglich an den gegenwärtigen Preisen für Schiffe des entsprechenden Typs auf dem Zweitmarkt.

Minor Bulks Trockene Massengüter, die in kleineren Partien verladen werden, wie z.B. Phospat, Bauxit, Zement, Zucker, Sojabohnen, Kunstdünger und landwirtschaftliche Produkte.

Multipurpose-Carrier (MPC) Mehrzweckschiff, welches im Gegensatz zu Spezialschiffen wie Containerschiffen, Tankern, Fähren oder Kühlschiffen mehrere Ladungsarten gleichzeitig befördern kann (verschiedene Stück- oder Massengüter, Container, Schwer- und Gefahrgut)

P
Panamax Größenklasse für einen Bulkcarrier, ein Container- oder Tankschiff. Zeigt an, dass das Schiff den Panama-Kanal passieren kann. Maximale Breite der Schiffe 32,30 Meter. Für Tankschiffe und Bulkcarrier zudem standardisierte Schiffsgröße für die Notierung von Frachtraten. Moderne Bulkcarrier und Tankschiffe haben eine Tragfähigkeit von 75.000 dwt, Containerschiffe eine Stellplatzkapazität von bis zu 5.000 TEU.

Produkten-/Chemikalientanker Tanker, die neben reinen Ölprodukten wie Benzin, Gasöl, Dieselöl auch Speiseöl, Säuren, Laugen und andere aggressive Chemikalien befördern.

R
Reederei Gesellschaft mit Schiffseigentum im Betriebsvermögen.

Rohöl Bezeichnet das unbearbeitete, entgaste und entwässerte Erdöl. Rohöl ist ein komplexes Gemisch verschiedener Kohlenwasserstoffe unterschiedlicher Molekülgröße. Je nach Herkunft unterscheiden sich Rohöle deutlich in ihrer Zusammensetzung und ihren physikalischen Eigenschaften.

Ro-Ro-Schiff Roll-on-Roll-off-Schiff mit einer Rampenvorrichtung zum Be- und Entladen mit Hilfe von Fahrzeugen.

S
Suezmax Größenklasse für ein Tankschiff. Zeigt an, dass das Schiff den Suezkanal passieren kann. Maximaler Tiefgang des Schiffes 17,7 Meter, zudem standardisierte Schiffsgröße für die Notierung von Frachtraten. Moderne Suezmax-Tankschiffe haben eine Tragfähigkeit von 150.000 dwt.

T
Tanker Seeschiff zum Transport von flüssiger und gasförmiger Ladung.

TEU Twenty-foot Equivalent Unit. Standardcontainer mit einer Länge von 20 Fuß (ca. sechs Meter).

Time-Charter (T/C) Vermietung eines voll ausgerüsteten Schiffes für einen bestimmten Zeitraum gegen Zahlung einer Miet-(Charter-)Rate durch den Charterer. Diese beinhaltet neben einer Mietkomponente die Betriebskosten des Schiffes. Der Eigentümer übernimmt weiterhin die Zahlungen für Crew, Versicherung, Reparaturen und Pflege. Der Treibstoff sowie Aufwendungen für Hafen, Lotsen oder Schlepper werden vom Charterer übernommen (vgl. Bareboat-Charter).

Tonnage Tragfähigkeit eines Schiffes.

Tonnen/Meilen Entspricht der Anzahl der bezahlten Fracht in Tonnen, multipliziert mit der zurückgelegten Distanz.

TWD Tons Deadweight. Tragfähigkeit des Schiffes in Tonnen.

V
VLCC Very Large Crude Oil Carrier, Größenklasse für ein Tankschiff, moderne VLCC haben eine Tragfähigkeit von 300.000 dwt.

W
Werft Betrieb zum Bau und zur Reparatur von Booten und Schiffen.

Quelle: Erweitertes Glossar von *Plankar, M.*, Schifffahrtsbranche, in: Bankrisikomanagement, 2008, S. 359-362.

Quellen- und Literaturverzeichnis

Achtelik, Olaf Christoph; Drexler, Elisabeth; Flach, Jochen (Hrsg.) [Sicherheiten-Management]: Sicherheiten-Management nach neuer SolvV & MaRisk: neue Vorgaben der Bankenaufsicht, Auslegungshinweise zur Solvabilitätsverordnung, interne und externe Prüfungsverfahren, Heidelberg: Finanz-Colloquium Heidelberg, 2007

Balzli, Beat; Brinkbäumer, Klaus; Brenner, Jochen et al. [Bankraub]: Der Bankraub, in: Der Spiegel, Nr. 47, 2008

Banik, Christoph [Anerkennung von Kreditsicherheiten]: Prinzipien und Verfahren der Anerkennung von Kreditsicherheiten: im Rahmen von Basel II, in: Kredit & Rating, Bd. 35, Nr. 2, 2009, S. 26–31

Bank of International Settlements [Mindestkapitalanforderungen]: Teil 2: Säule 1 – Mindestkapitalanforderungen, http://www.bis.org/publ/bcbs107b_ger.pdf (09.07.2009 13:15 MEZ)

Becker, Axel; Gehrmann, Volker; Schulte-Mattler, Hermann (Hrsg.) [Ökonomisches Kapital]: Handbuch ökonomisches Kapital, Frankfurt am Main: Fritz Knapp Verlag, 2008

Becker, Axel; Gruber, Walter; Wohlert, Dirk (Hrsg.) [MaRisk]: Handbuch MaRisk: Mindestanforderungen an das Risikomanagement in der Bankpraxis, Frankfurt am Main: Fritz Knapp Verlag, 2006

Becker, Axel; Gaulke, Markus; Wolf, Martin (Hrsg.) [Handbuch Basel II]: Praktiker-Handbuch Basel II: Kreditrisiko, operationelles Risiko, Überwachung, Offenlegung, Stuttgart: Schäffer-Poeschel Verlag, 2005

Bellavite-Hövermann, Yvette; Hintze, Stefan; Luz, Günther; Scharpf, Paul [Eigenmittel und Liquidität]: Handbuch Eigenmittel und Liquidität nach KWG, Stuttgart: Schäffer-Poeschel Verlag, 2001

Berger, Klaus P. Prof. Dr. [Finanzkrise und Kreditklemme]: Finanzkrise und Kreditklemme: Kann das Kreditvertragsrecht helfen?, in: Zeitschrift für Bank- und Kapitalmarktrecht, Nr. 2, 2009, S. 45–50, http://beckonline.beck.de/?vpath=bibdata%2Fzeits%2FBKR%2F2009%2Fcont%2FBKR.2009.45.1.htm (18.06.2009 11:30 MEZ)

Bieg, Hartmut; Krämer, Gregor; Waschbusch, Gerd [Bankenaufsicht]: Bankenaufsicht in Theorie und Praxis, 3., aktualisierte und erw. Aufl., Frankfurt am Main: Bankakademie-Verlag, 2009

Binder, Frank [Schlechte Aussichten]: Schlechte Aussichten für Box-Reeder: Hamburg Süd: "Überkapazität wird Wettbewerb in der Containerschifffahrt ausdünnen", in: THB Täglicher Hafenbericht/Deutsche Schiffahrts-Zeitung vom 11. Juni 2009

Boeckers, Thorsten; Eitel, Gottfried; Weinberg, Marcel [Kreditsicherheiten]: Kreditsicherheiten: Grundlagen und Praxisbeispiele, Wiesbaden: Gabler Verlag, 1997

Bofinger, Peter [Volkswirtschaftslehre]: Grundzüge der Volkswirtschaftslehre: Eine Einführung in die Wissenschaft von Märkten, München: Pearson Studium, 2003

Bülow, Peter [Recht der Kreditsicherheiten]: Recht der Kreditsicherheiten: Sachen und Rechte, Personen, 7., neu bearb. und erw. Aufl., Heidelberg: Müller Verlag, 2007

Bundesanstalt für Finanzdienstleistungsaufsicht
- [Adressrisiken]: Eigenmittelanforderungen bei Adressrisiken, http://www.bafin.de/cln_109/nn_724264/DE/Unternehmen/BankenFinanzdienstleister/Eigenmittelanforderungen/Adressrisiken/adressrisiken__node.html?__nnn=true (30.06.2009 14:54 MEZ)
- [Marktrisiken]: Marktrisiken, http://www.bafin.de/cln_109/nn_724264/DE/Unternmen/BankenFinandienstleister/Eigenmittelanforderungen/Marktrisiken/marktrisiken__node.html?__nnn=true (30.06.2009 10:35 MEZ)

Bundesministerium der Finanzen [SolvV]: Die Solvabilitätsverordnung: Textausgabe, Köln: Bank-Verlag medien, 2007

Bundesministerium der Justiz [BauGB]: Baugesetzbuch, Stand 24.12.2008, S. 104, http://www.gesetze-im-internet.de/bundesrecht/bbaug/gesamt.pdf (29.07.2009 15:41 MEZ)

Bundesverband der Deutschen Volksbanken und Raiffeisenbanken e. V. [Bewertung]: Bewertung von Kreditsicherheiten: Die Richtlinien des genossenschaftlichen FinanzVerbundes, Wiesbaden: Deutscher Genossenschafts-Verlag, 2006

Deutsche Bundesbank [Baseler Regelwerk]: Das Baseler Regelwerk in der Praxis, in: Monatsberichte der Deutschen Bundesbank, 61. Auflage, Nr. 1, Jan. 2009, S. 59-79, http://www.bundesbank.de/download/volkswirtschaft/monatsberichte/ ' 2009/200901mb_bbk_12uhr.pdf (19.06.2009 16:51 MEZ)

Deutsche Bundesbank [Arbeitskreis Basel II]: Arbeitskreis „Umsetzung Basel II": Protokoll der 7. Arbeitskreissitzung am 2. März 2005 von 10.50 bis 17.15 Uhr im Hause des Deutschen Sparkassen- und Giroverbandes in Berlin, http://www.bundesbank.de/download/bankenaufsicht/zip/20050302_protokoll.zip (12.08.2009 17:51 MEZ)

Deutsche Bundesbank
- [Säule 3]: Säule 3: Erweiterte Offenlegung (Marktdisziplin), http://www.bundesbank.de/banken aufsicht/bankenaufsicht_basel_saeule3.php (07.08.2009 11:00 MEZ)
- [Externes Rating]: Kreditrisiko-Standardansatz: Externes Rating, http://www.bundesbank.de/bankenaufsicht/bankenaufsicht_basel_kreditrisiko.php (08.07.2009 16:41 MEZ)
- [Grundsatz I]: Grundsatz I: Erläuterungen zu den Meldungen der Institute - Eigenmittel, http://www.bundesbank.de/download/bankenaufsicht/pdf/erleigenmittel.pdf (02.07.2009 15:28 MEZ)
- [Eigenkapitalvereinbarung]: Basel II - Die neue Baseler Eigenkapitalvereinbarung, http://www.bundesbank.de/bankenaufsicht/bankenaufsicht_basel.php (26.06.2009 10:49 MEZ)
- [Adressrisikopositionen]: Adressrisikopositionen, http://www.bundesbank.de/bankenaufsicht/bankenaufsicht_eigen_adressrisikopositionen.php (30.06.2009 12:58 MEZ)
- [Solvabilität]: Solvabilität, http://www.bundesbank.de/bankenaufsicht/bankenaufsicht_eigen.php (30.06.2009 12:33 MEZ)

Deutscher Genossenschafts- und Raiffeisenverband e.V. [Richtlinie Bewertung]: Richtlinien für die Bewertung von Kreditsicherheiten: mit Empfehlungen zur Prüfung des Kreditgeschäftes, 3. überarbeitete Aufl., Wiesbaden: Deutscher Genossenschafts-Verlag, 1995

Drost, Frank M. [Schiffsbanken]: Die Zeiten für Schiffsbanken werden stürmischer, http://www.handelsblatt.com/unternehmen/banken-versicherungen/die-zeiten-fuer-schiffsbanken-werden-stuermischer;2221204;2 (07.09.2009 14:09)

Dynamicdrive GmbH & Co. KG [Granularität]: Granularität, http://www.finanzlexikon.de/granularitaet_3114.html# (15.07.2009 12:30 MEZ)

Everling, Oliver; Theodore, Samuel S. (Hrsg.) [Bankrisikomanagement]: Bankrisikomanagement: Mindestanforderungen, Instrumente und Strategien für Banken, 1. Auflage, Wiesbaden: Gabler Verlag, 2008

Fachhochschule des bfi Wien GmbH [Risikogewichtete Aktiva]: Basel II: Risikogewichtete Aktiva, http://basel2.fh-vie.at/GlossaryDetail.aspx?id=82 (01.07.2009 16:44 MEZ)

Financial Market Authority, [Risk weight]: Risk weight under the Standardized Approach of Basel II,http://www.fma.gv.at/cms/basel2/attachments /9/4/1/CH0273/CMS1142522657854/saeule_1_standardansatz_ risikogewichte_en_layout.png (08.07.2009 11:19 MEZ)

Financial Times Deutschland [Wadan-Werften]: Wadan-Werften vor dem Aus, http://www.ftd.de/politik/deutschland/:Insolvenz-Wadan-Werften-vor-dem-Aus/523213.html (05.06.2009 10:37 MEZ)

Flach, Jochen; Achtelik, Olaf Christoph; Drexler, Elisabeth [Anrechnung von Kreditsicherheiten]: Vorgaben für eine Anrechnung von Kreditsicherheiten im Rahmen der Eigenkapitalunterlegung, in: Olaf Christoph Achtelik/Elisabeth Drexler/Jochen Flach, Sicherheiten-Management nach neuer SolvV & MaRisk: neue Vorgaben der Bankenaufsicht, Auslegungshinweise zur Solvabilitätsverordnung, interne und externe Prüfungsverfahren, Heidelberg: Finanz-Colloquium Heidelberg, 2007, S. 71–349

Goldman Sachs [Value-at-Risk]: Risikoklassifizierung mit dem Value-at-Risk (VaR) http://www.goldmansachs.de/cmsdefault/default/default/nav_id,331/menu_id,32/ (10.08.2009 10:18 MEZ)

Hailer, Angelika C.; Friedemann, Loch; Stork, Peter [Zuordnung von Sicherheiten]: Basel II: Optimale Zuordnung von Sicherheiten auf Kredite, in: Zeitschrift für das gesamte Kreditwesen, Nr. 22, 2002, S. 1202–1206

Haun, Michael; Kaltofen, Robert G. [Pricing]: Risikoadjustiertes Pricing, in: Axel Becker/Volker, Gehrmann/Hermann Schulte-Mattler, Handbuch ökonomisches Kapital, Frankfurt am Main: Fritz Knapp Verlag, 2008, S. 63–98

Henning, Christian [Schiffshypothekendarlehens]: Grundzüge des Schiffshypothekendarlehens, in: Henning Winter/Christian Hennig/Markus Gerhard, Grundlagen der Schiffsfinanzierung, Bd. 1, 3., erweiterte und überarbeitete Auflage, Frankfurt am Main: Frankfurt School Verlag, 2008, S. 486–512

Hofmann, Bernd; Pluto, Katja [Neuen Eigenmittelempfehlungen]: Zentrale Aspekte der neuen aufsichtlichen Eigenmittelempfehlungen (Basel II) in: Joachim Neupel, Aktuelle Entwicklungen im Bankcontrolling: Rating, Gesamtbanksteuerung und Basel II, Düsseldorf: Verlaggruppe Handelsblatt, 2005, S. 241–270

Hofmann, Gerhard (Hrsg.) [Basel II und MaRisk]: Basel II und MaRisk: Regulatorische Vorgaben, bank-interne Verfahren, Risikomanagement, 1. Aufl., Frankfurt am Main: Bankakademie-Verlag, 2007

Holst, Bernd [Bewertung von Schiffen]: Bewertung von Schiffen, in: Henning Winter/ Christian Hennig/Markus Gerhard, Grundlagen der Schiffsfinanzierung, Bd. 1, 3., erweiterte und überarbeitete Auflage, Frankfurt am Main: Frankfurt School Verlag, 2008, S. 295–335

Höpfner, Kai-Uwe [Strategisches Geschäftsfeld Schiffsfinanzierung]: Schiffsfinanzierung als strategisches Geschäftsfeld von Banken - ein Überblick, in: Henning Winter/Christian Hennig/Markus Gerhard, Grundlagen der Schiffsfinanzierung, Bd. 1, 3., erweiterte und überarbeitete Auflage, Frankfurt am Main: Frankfurt School Verlag, 2008, S. 2–43

HSH-Nordbank AG [Branchen]: Kunden und Branchen, http://www.hsh-norbank.de/de/homekundenbereiche/shippingkunden/kundenundbranchen_4/shippingportfolio.jsp (07.09.2009 14:22 MEZ)

HSH-Nordbank AG [Offenlegungsbericht HSH-Nordbank]: Offenlegungsbericht gemäß § 26a KWG Stichtag 31.12.2008, http://www.hshnordbank.de/media/de/pdf/investorrelations/geschaeftsber/2008/offenlegung/hshnordbank_offenlegung2008.pdf (08.09.2009 15:20 MEZ)

Institute of Shipping Economics and Logistics
- [Shipping Statistics Nr. 1/2]: Shipping Statistics and Market Review, 2009
- [Shipping Statistics Nr. 4]: Shipping Statistics and Market Review, 2009
- [Shipping Statistics Nr. 5/6]: Shipping Statistics and Market Review, 2009
- [Shipping Statistics Nr. 7]: Shipping Statistics and Market Review, 2009

Interview mit Herrn Günther Boldt, Hamburger Niederlassungsleiter, Hyundai Merchant Marine (Deutschland) GmbH vom 10. September 2009

Interview mit Herrn John Förster, Customer Service Import, Hyundai Merchant Marine (Deutschland) GmbH vom 03. September 2009

Klement, Jochen [Kreditrisikohandel]: Kreditrisikohandel, Basel II und interne Märkte in Banken, Wiesbaden: Deutscher Universitäts-Verlag, 2007

Köhler, Helmut [BGB]: Bürgerliches Gesetzbuch: Textausgabe mit ausführlichem Sachverzeichnis und einer Einführung, 55., überarb. Aufl., Stand: 1. Juli 2004, München: Deutscher Taschenbuch Verlag, 2009

Krüger, Andrea [Immobilienkrise]: Fragen und Antworten zur Immobilienkrise, http://www.tagesschau.de/wirtschaft/immobilienkrise16.html (01.09.2009 12:45 MEZ)

Lemper, Burkhard [Volkswirtschaftliche Aspekte]: Volkswirtschaftliche Aspekte der Schifffahrt, in: Henning Winter/Christian Hennig/Markus Gerhard, Grundlagen der Schiffsfinanzierung, Bd. 1, 3., erweiterte und überarbeitete Auflage, Frankfurt am Main: Frankfurt School Verlag, 2008, S. 159–204

Lwowski, Hans-Jürgen; Gößmann, Wolfgang [Grundzüge Kreditsicherheiten]: Kreditsicherheiten: Grundzüge für Studium und Praxis, 7., überarb. Aufl., Berlin: Erich Schmidt Verlag, 1990

Menze, Andre [Schiffsfinanzierung nach dem Credit Crunch]: Schiffsfinanzierung nach dem Credit Crunch: Bilanz deutscher Schiffsbanken 2007/2008, in: HANSA International Maritime Journal, Bd. 145, Nr. 8, 2008, S. 96–106

Meusel, Steffen G. [Die MaRisk]: Die MaRisk - ein erster Schritt zu Basel II, in: Axel Becker/Walter Gruber/Dirk Wohlert, Handbuch MaRisk: Mindestanforderungen an das Risikomanagement in der Bankpraxis, Frankfurt am Main: Fritz Knapp Verlag, 2006, S. 49–60

Meyer, Michael
- [Containerreedereien rationalisieren]: Große Containerreedereien rationalisieren, in: THB Täglicher Hafenbericht/Deutsche Schiffahrts-Zeitung vom 30. Juli 2009
- [Konjunkturpaket für China]: Großes Konjunkturpaket für Chinas Schiffbauindustrie, in: THB Täglicher Hafenbericht/Deutsche Schiffahrts-Zeitung vom 12. Juni 2009

Neisen, Martin; Trummer, Stefan; Dörflinger, Marco [Finanzmarktkrise]: Der Baseler Ausschuss reagiert auf die Finanzmarktkrise: Umfangreiche Änderungen am Baseler Rahmenwerk in vier Konsultationspapieren, in: Bank Praktiker, Nr. 4, 2009, S. 166–173

Neupel, Joachim (Hrsg.) [Bankcontrolling]: Aktuelle Entwicklungen im Bankcontrolling: Rating, Gesamtbanksteuerung und Basel II, Düsseldorf: Verlaggruppe Handelsblatt, 2005

Nirk, Rudolf; Stehle, Peter [Kreditwesengesetz]: Das Kreditwesengesetz: Einführung und Kommentar, 12., völlig neu bearbeitete Aufl., Frankfurt am Main: Fritz Knapp Verlag, 2003

Paul, Stephan [Überblick]: Basel II im Überblick, in: Gerhard Hofmann, Basel II und MaRisk: Regulatorische Vorgaben, bankinterne Verfahren, Risikomanagement, 1. Aufl., Frankfurt am Main: Bankakademie-Verlag, 2007, S. 5–65

Peterl, Florian [Risikomanagement bei Banken]: Risikomanagement bei Banken: Interne Modelle, Bankenaufsicht und Auswirkungen neuer Eigenkapitalanforderungen, Bd. 12, Hamburg: Verlag Dr. Kovac, 2003

Plankar, Michael [Schifffahrtsbranche]: Branchenrisikomanagement am Beispiel der Schifffahrtsbranche, in: Oliver Everling/Samuel S. Theodore, Bankrisikomanagement: Mindestanforderungen, Instru-mente und Strategien für Banken, 1. Aufl., Wiesbaden: Gabler Verlag, 2008, S. 325–362

Prümer, Michael [Rating-Leitfaden]: Rating-Leitfaden für die Praxis: Empfehlungen für den Umgang mit Banken; mit Formularen und Checklisten, 1. Aufl., Wiesbaden: Gabler, 2003

Reichling, Peter; Bietke, Daniela; Henne, Antje [Risikomanagement und Rating]: Praxishandbuch Risikomanagement und Rating: Ein Leitfaden, 2., überarbeitete und erweiterte Aufl., Wiesbaden: Gabler Verlag, 2007

Scherer, Theo [Markt und Preis]: Markt und Preis, Wiesbaden: Gabler Verlag, 1994

Schulte-Mattler, Hermann [Rating im Kreditrisikobereich]: IRB-Ansatz - das Einmaleins des Ratings im Kreditrisikobereich, in: Die Bank, Nr. 8, 2007, S. 59–62

Schulte-Mattler, Hermann; Manns, Thorsten [Kreditrisikominderung]: Techniken zur Kreditrisikominderung im Framework von Basel II, in: Axel Becker/Markus Gaulke/Martin Wolf, Praktiker-Handbuch Basel II: Kreditrisiko, operationelles Risiko, Überwachung, Offenlegung, Stuttgart: Schäffer-Poeschel Verlag, 2005, S. 29–61

Sinn, Hans-Werner [Kasino-Kapitalismus]: Kasino-Kapitalismus: Wie es zur Finanzkrise kam, und was jetzt zu tun ist, Berlin: Ullstein Buchverlage, 2009

Stareczek, René [Immobilien-Sachverständiger]: Was macht eigentlich ein Immobilien-Sachverständiger?, http://www.immobiliensachverstaendige.info/18.3._Beleihungswertermittlung.html (06.08.2009 11:43 MEZ)

Telefonat mit Herrn von Wallmoden, Sicherheitenmanagement, KfW IPEX-Bank GmbH vom 21. August 2009

Theißen, Michaela [Ersatzsicherheiten]: Ersatzsicherheiten im Kreditgeschäft einer Bank, http://www.hochschulebochum.de/fileadmin/media/fb_w/Kaiser/praxis/Theissen050607.pdf (22.07.2009 17:32 MEZ)

Vereinigung Hamburger Schiffsmakler und Schiffsagenten e. V. [HSES]: HAMBURG SHIP EVALUATION STANDARDS (HSES) http://www.vhss.de/HSES_deutsch.pdf (11.09.2009 15:41 MEZ)

Wilkens, Marco; Baule, Rainer; Entrop, Oliver [Erfassung Kreditrisikos]: Erfassung des Kreditrisikos nach Basel II: Eine Reflexion aus wissenschaftlicher Sicht, in: Gerhard Hofmann, Basel II und MaRisk: Regulatorische Vorgaben, bankinterne Verfahren, Risikomanagement, 1. Aufl., Frankfurt am Main: Bankakademie-Verlag, 2007, S. 69–100

Wilkens, Marco [Unterlegung Kreditrisiko]: Unterlegung des Kreditrisikos nach dem IRB-Ansatz, Lehrstuhl für ABWL Universität Eichstätt-Ingolstadt, www.wertpapiermanagement.de (20.07.2009 12:10 MEZ)

Winter, Henning; Hennig, Christian; Gerhard, Markus (Hrsg.) [Schiffsfinanzierung Bd. 1]: Grundlagen der Schiffsfinanzierung, Bd. 1, 3., erweiterte und überarbeitete Auflage, Frankfurt am Main: Frankfurt School Verlag, 2008

Wöhe, Günter; Bilstein, Jürgen [Unternehmensfinanzierung]: Grundzüge der Unternehmensfinanzierung, 9., überarb. und erw. Aufl., München: Vahlen Verlag, 2002

Wolf, Martin [Überblick Basel II]: Basel II - ein Überblick, in: Axel Becker/Markus Gaulke/Martin Wolf, Praktiker-Handbuch Basel II: Kreditrisiko, operationelles Risiko, Überwachung, Offenlegung, Stuttgart: Schäffer-Poeschel Verlag, 2005, S. 4–25

Wörnlein, Peter [Orderbücher]: Das Schlimmste kommt erst noch: Seeschifffahrt: Viel Sprengstoff im Orderbuch der Werften, in: Deutsche Verkehrs Zeitung vom 18. August 2009

Zamponi, Rolf [Reeder Offen]: Hamburger Reeder Offen: Weltweit bis zu 1000 Containerfrachter zu viel, in: Hamburger Abendblatt vom 7. März 2009